ウイグル人に何が起きているのか

民族迫害の起源と現在

福島香織
Fukushima Kaori

PHP新書

ウイグル人に何が起きているのか

目次

序章　カシュガル探訪——21世紀で最も残酷な監獄社会

第一章　「再教育施設」の悪夢——犯罪者にされる人々

第二章　民族迫害の起源

第三章　世界の大変局時代における鍵――米中そして日本

序章

カシュガル探訪
——21世紀で最も残酷な監獄社会

羊の代わりに警官が増えた

カシュガル（新疆《しんきょう》ウイグル自治区カシュガル市）を最初に訪れたのはいつだったか。2019年5月9日、あらためて思い返してみると、成都経由の四川航空でカシュガル空港に初めて降り立ったときからすでに20年近くたっていた。

当たり前のことかもしれないが、昔の記憶のなかの町の面影は完全に失われていた。

1999年の7月、上海での業務留学期間を終えて記者業復帰までに若干の休みがあり、両親がシルクロードに行ってみたい、と言い出したこともあり、10年ぶりくらいに親子旅行に出掛けたのだ。

このときウルムチ、トルファン、カシュガルなどを、私が覚えたての中国語で案内した。お膳立てされたツアーではなく、私流のいつもの自由旅行のやり方で還暦を過ぎた両親を炎天下の新疆地域で引っ張り回したので、父はあとあとまで「大変な旅行だった。あんな旅行は二度とごめんだ」と思い出しては笑っていた。その父は亡くなっている。

当時は私も新疆の政治情勢には疎《うと》く、中国に対しての理解も深くなかった。いま思えば、グルジャ事件の翌々年で現地は緊張していたはずだ。だが印象に残っているのは強烈な日差しと、砂埃のなかで日干し煉瓦の建物のあいだの隘路《あいろ》を、お尻に脂肪をため込んだ薄汚れた羊がひしめいている光景だった。あのころは町中にも羊がいて、羊のにおいが立ち込めていた。

その羊の脂っこいシシカバブや、ポロと呼ばれるウイグル風ピラフはじつに美味だった。中国語も通じないし、漢族もほとんど見掛けない。女性はスカーフに長いウイグル風のスカートを着ている人が多かったし、男性はほとんど四角い独特のウイグル帽をかぶっていた。私よりも下手な中国語を話す運転手は、気さくで親切でいい加減で、少々小狡《こずる》いところがあった。だが、みんな陽気であった。どこから見てもそこは中国ではなく、「異国」だった。

約20年たって再び訪れたカシュガルは、完全に中国の町になっていた。観光客はほぼ100％漢族だ。タクシー運転手にも中国語が普通に通じる。20年前は、中国語が通じないことが当たり前だった。

空港の乗り合いタクシーに15元支払って、旧市街に入る。羊がすっかりいなくなっていた。代わりに、警官がやたら増えていた。20年前は、町中で警官の姿はそんなになかった。

町は綺麗に整備され、拡大され、立派な観光都市になっていた。漢族も増えていた。ウイグル人7に対して、漢族3といった割合だろうか。至るところに共産党の標語、スローガンの垂れ幕が貼ってある。「有黒掃黒、有悪除悪、有乱治乱」「民族団結一家親」……。

ホテルの出入口でX線と金属探知ゲートのチェック

ネットで予約したヌルランホテルに到着すると、出迎えてくれたのは防刃《ぼうじん》チョッキを着たウイグル人女性警官だった。

ホテルに入るには、まず荷物と身体チェックが必要だった。空港にあるようなX線の透過装置と金属探知機のゲートがホテルの入り口にも設置され、出入りするたびに必ずチェックを受けなければならない。中国では特別の厳戒態勢が敷かれたとき、たとえば国際会議や要人の宿泊に際しては、ホテルでこうした徹底した安全検査設備を設置することは知っているが、カシュガルではこれが日常、スタンダードらしい。ウイグル人女性の警官がかわいくて愛想がよかったのが、少しだけ物々しさを緩和していた。

　あとで街を散策して分かったのだが、ホテルどころかスーパーも地下道も、ショッピングモールも、バザールも必ず出入口でX線による安全検査と金属探知ゲートによるチェックが求められた。その近くには、防暴用の盾をもった警官が控えている。出入りするたびにピーピー鳴るが、引き留められたことはなかった。ただウイグル人の若い男性は、時おり警官から職質を受けていた。

最近は社区や住宅区に入るのも顔認証を使う。ウルムチにて

バザールの入り口でも安全検査を行う

コンビニ以上に多い「便民警務ステーション」

警官の多さに慣れてくると、次に気になるのは便民警務ステーションの多さだ。「便民警務ステーション」とは、いわゆる交番。中国の新聞では「町の灯台」などと紹介されている。建前では市民の便利のために設置されており、雨が降れば傘を貸してくれるし、気分が悪くなれば薬をくれる。喉が渇けばお茶を出し、体の不自由な人のために車いすの貸し出しなどもしている。

白い建物に青いペイントの存在感ある〝交番〟が、東京の繁華街のコンビニ以上の密集度で建っている。もちろん建前は「市民のための町の灯台」である便民警務ステーションだが、本当の目的は、市民のなかの不穏分子に対する威嚇と監視だ。

私が泊まっていたホテルは解放北路に面するエイティガール寺院の近所だが、解放北路にはだいたい100mごとに便民警務ステーションが立っている。そしてその便民警務ステーションのあいだには、無数の監視カメラ。これも数十mに数個の割合で設置されていた。壊れたまま放置されているものもあったので、全部が全部機能しているわけではなさそうだが、「監視しているぞ」というプレッシャーは十分に発揮されている。

コンビニより多い便民警務ステーション

宗教施設に国旗が掲げられている

エイティガール寺院に行ってみた。旧市街の中心に位置する新疆最大規模のモスク。１４２２年（イスラム歴８４６年）に建立され、１８７２年にいまの規模になった。面積は１・６万㎡という。美しいミナレット（尖塔）が特徴で、１日５回行われる礼拝の時刻にはアザーンが流れる、とガイドブックには書いてあるのだが、私の思い違いでなければアザーンは流れていない。ちょうど礼拝中で、観光客の立ち入りはできなかったのだが、そのときもアザーンは流れていなかった。寺院の屋根には五星紅旗が翻る。宗教施設に国旗を掲げることは２０１８年２月以降、義務化されているのだが、これほど不自然な光景もない。

寺院から解放北路を挟んだ向かい側には自治区行政署があるのだが、そこには「習近平同志を核心とする党中央の心遣いに心より感謝」の垂れ幕が、モスクに見せつけるように飾られていた。寺院前広場の脇には大型スクリーンがあり、そこには習近平がウイグルの子供たちに囲まれて笑顔を見せている写真などが投影されていた。寺院前広場では観光客や子供たちを楽しませるためのラクダや馬がつながれており、メリーゴーラウンドやゴーカートなどの遊具も設置されている。

エイティガール寺院前の広場でゴーカートで遊ぶ子供たち

エイティガール寺院前の広場は遊園地のよう。戦車の乗り物も

夜8時ごろ、ようやく日が傾きはじめて子供たちが屋外で元気に遊びだす時間になると、この広場は遊園地のような賑やかさになった。宗教施設というより観光地であり、政治宣伝広場である。

「社会秩序を乱す悪を徹底排除しよう」の大音量

翌日、カシュガルの旧市街をくまなく歩いてみようと思い立った。エイティガール寺院から解放北路を、地下道をくぐって渡り、カシュガル老城に入る。オウエルダシク路の入り口は屋台街でサモサやシシカバブ、ポロや果物、ヨーグルトの屋台で賑わう。氷を削ったものに生クリームと果汁を加えて、ボウルに入れて攪拌《かくはん》する氷菓子がおいしい。ボウルの中身を片手でスナップを聞かせて放り投げ、またボウルで受け止める。そうして空気に触れさせながら攪拌すると、氷菓子は少しとろみが出て、溶けたアイスクリームみたいな液体になる。

このオウエルダシクの入り口にも便民警務ステーションがあり、近くに設置してあるスピーカーから「社会秩序を乱す悪を徹底排除しよう」「黒があれば黒を一掃し、悪があれば悪を排除し、乱があれば乱を治めるのだ」といった警告が中国語とウイグル語で交互に大音量で流れ続けていた。

私はその警告を聞きながら、近くの屋台で1つ2元の出来立ての羊肉入りサモサを買った。たぶんポケットから1元札が落ちたのだろう。ウイグル人の若い男性が拾って、落ちたよ、と身振りで伝え、そのお札を渡してくれた。なんて親切なんだ。だが一日中、「悪を一掃せよ」と呪文のように唱える大音量を聞いていれば、道に落ちている1元とて着服する気になれないのかもしれない。

誰もがこのように親切で正直者なのか。気になって何度かお金を落としてみたのだが、みんな拾って追い掛けて届けてくれた。店で食事をして、お釣りを受け取らずに店を出ると、店の人がわざわざ追い掛けてお釣りを渡しにきてくれる。これが監視効果なのだろうか。昔は、たしかスリや置き引きにも気を付けないといけなかったと思うが、いまカシュガルにはそんな犯罪はないようだ。

よそよそしいテーマパーク

オウエルダシク路からアレヤ通りを南下すると、帽子職人の集まる通りが続く。飲食屋台街に比べると落ち着いた静かな通りだ。整備された綺麗な石畳、小じゃれた店構えの奥では、ウイグル帽を被った老人が帽子づくりに専念している。家屋はいずれも新しく建てられた様子で、ウイグル風の彫刻が施された壁面が美しい。路上にはゴミ一つ落ちておらず、清潔だ。街路樹は桑の木で、ちょうど実が色づきかけている。閑静で美しいウイグルの職人の町。だが、どこかよそよそしい、この作り物めいた空気はなんだろう。青いジャージに赤いネッカチーフの小学生たちが、中国語の童謡を歌いながら歩いていた。

ああ分かった、テーマパークだ。中国の観光地にはよくある感じだ。山西省の世界遺産に指定された古都・平遥《へいよう》や、北京の胡同《こどう》などはその典型だ。ここは、観光客向けの土産物店と並んで理想のウイグル庶民の暮らしぶりが展示されている。

そうしたテーマパーク風街並みだが、活気があり、人々が生き生きしている様子があれ

カシュガルの経済は悪い。市内の中心部ですらシャッター街に

ば、それはそれでいい。だが、景気は非常に悪そうだ。閉鎖されているテナントが続く通りもあった。土産物屋に、景気はどうか？　などと問いかけても、曖昧《あいまい》な感じで首を振るばかりだった。

飲食費が高い気がした。ポロが20元。シシカバブが1本2・5元。北京ならば安いと感じるだろうが、カシュガルは政府が救済を宣言する貧困市だ。観光客向け値段なのだろうか。店を見回せば、地元の人たちも食事をしている。

バスは路線も多く、市内の移動にはいちばん便利だ。だいたい1元でどこへでも行ける。だが、タクシーにも乗ってみよう。タクシーは密

カシュガルの物乞いのおばあさん。写真を撮らせてもらった

室ということもあって、運転手が話好きであれば、いろんな情報を引き出せる。

だが、タクシーに乗って運転手とおしゃべり、というわけにはいかなかった。タクシーのなかには公安のマークのついた監視カメラがしっかりある。そのせいだろうか。こちらが話し掛けても、運転手はあまり答えない。車のなかには、消火器と「市民が守るべき10のルール」といったポスターが貼ってあった。「社会の秩序を乱してはならない」などと書いてあった。

タクシーでアパク・ホージャ（香妃）の墓まで行ってみた。碧《みどり》のタイルの美しい円形屋根が特徴のモスクの前に、だだっぴろい庭園が整備されていた。観光客はほとんどいない。敷地内にはしっかり監視カメラが張り巡らされていた。

カシュガルはどこもかしこも美しく、人々は正直で親切だ。だが、人も含めて全部作り物のようだった。彼らは昔ほど陽気ではなかった。観光客に対しても、客引きもしなければ、ぼったくってやろう、儲けてやろうという欲も見せない。羊の姿は消え、警官と「有悪除悪」（悪があれば排除する）の標語と監視カメラがあふれていた。

防刃チョッキ姿の警官が乗り込む

かつてカシュガルの至るところで見た綿羊たちは、どこに行ってしまったのだろうか。いちおうバザールで羊肉はたくさん吊るされていたので、羊はどこかにいるのだ。郊外に行ったら見ることができるだろうか。

その次の日は、ローカルバスに乗ってコナシャハルまで行ってみることにした。コナシャハルといえば、サイバック郷では２０１３年12月に警官と住民の衝突で、ウイグル人14人を含む16人が死亡した事件が起きている。官民衝突というのは中国側の言い分で、じつのところは民家で結婚の打ち合わせをしていた女性6人、赤ん坊2人を含む14人を警官が乗り込んで射殺した虐殺事件であったといわれている。なぜそのような惨事が起きたかは、よく分からない。警察側は民家で東トルキスタン独立運動のためのデモの打ち合わせをしていたと思ったらしい。

コナシャハルとアクトの境当たりに位置するバリン郷は、1990年のバリン郷事件の現場だ。ウイグルの抵抗運動の中ではグルジャ事件に並ぶ大規模事件だ。サイバック郷かバリン郷あたりまで行けないだろうか。

車をチャーターするか、ローカルバスで行くか、迷った末、ローカルバスを選択した。

タクシーやチャーター車は、運転手から根掘り葉掘り現地情報を聞き出せる見込みがあるなら意味があるが、いまのカシュガルでは、密室の車のなかでも彼らは自由に発言しないだろう。それならいっそ、普通のウイグル庶民が利用するバスで行くほうが、現地の様子が分かるかもしれない。

カシュガル市内の西域広場駅からコナシャハル行きバス（4号線）に乗った。およそ10分。

カシュガル市とコナシャハル県の境に来ると、乗客がいっせいにシートベルトを締めだす。県境の検問だ。防刃チョッキ姿の警官が乗り込み、身分証明書をチェックしていく。ウイグル人の何人かはバスを降ろされた。身分証明書をもっていなかったらしい。怪しいと思われると、検問所の金属探知機とX線透過装置で安全チェックを受けさせられるのだ。私は幸い、見た目が漢族なので身分証明書の提示すら求められなかった。

「中国西部のディズニーランド」は廃墟のよう

コナシャハル県に入ってしばらくすると、噂の「アーファンティ楽園」が見えてきた。広州のデベロッパー・頤和地産が新疆貧困支援の一環で進めていた「中国西部のディズニーランド」と呼ばれるテーマパークプロジェクトだ。アーファンティとは、ウイグル語ではアペンディ、「ウイグルの一休さん」とも呼ばれる伝説上の賢人。たしか2011年から15年にかけて、17・96億元を投じて5000人の就業機会をつくる、という話だった。だが外観を見るかぎり、中国西部版ディズニーランドとはとてもいいがたい廃墟の群れに見える。開園

コナシャハルには広東資本の工場などが並ぶ。習近平の宣伝パネルも

しているようにはとても見えない。

道路沿いには広東省の新疆救援のスローガンが掲げられ、広東の電子部品工場などが誘致されているようだが、閑散とした様子だ。こうしてみるとカシュガルはやはり貧しい。

貧困扶助のプロセスで進む農家の中国化

バスはさらに10分ほど進むと、やがてコナシャハルに到着。ちょうどウパール郷行きのバスが来ていたので、これに飛び乗った。コナシャハルからウパールまで22㎞ほどだ。

とくにウパールに何かを求めて行ったのではない。カシュガル旧市街があまりにも作り物めいていたので、郊外の農村地域に行けば本当のカシュガルが分かるのではないか、と思ったのだ。

コナシャハルからウパールに行く県境にも検問があった。今度は私もパスポートの提示を求められた。やはり30分ほどでウパール郷に着いた。ちょうど昼時であったので、バスターミナル前の食堂に入ってポロとシシカバブを頼む。ポロは15元。カシュガル市内よりずっと安く、おいしい。

バスターミナルといっても小ぢんまりした集落で、一歩通りに入ると農村だった。畑には大麦が植えられていた。だが、決して豊かな農村というわけではなさそうだ。羊の姿もない。農家の門には、ほとんど扶貧プロジェクト参加を示す票（扶貧カード）が貼ってあった。そこには家族構成、病歴、扶貧を受ける理由などが書かれてある。同時に、共産党員がホームステイに来たことを証明する「民族団結一家親連係カード」も掲げてあり、担当共産党員とウイグル農民が一緒に映っている写真も掲載されている。

ほとんどの農家が貧困扶助（扶貧）を受けていた。

こうした農家の門にはすべて五星紅旗が掲げてあり、ウイグル風の彫刻の入った門や建築に不似合いな対聯《ついれん》（春節のときに門に張る祝い対句）や福の字を書いた赤い紙をさかさまにして張ってある。いずれも漢族の春節を祝う習慣である。対聯には伝統的な漢詩ではなく、「民族団結一家親」（民族は団結して家族のように親しい）という政治スローガンが書いてあった。ウイグル人の農家の中国化、漢族化が、共産党から貧困扶助を受けるというプロセスのなかで進められていく様子が垣間見られた。

このあたりはカルシウム欠乏症も多いことが、扶貧カードから分かる。ある農家の前では、体の折れ曲がった老人が椅子に座ってまんじりともしていなかった。私がニイハオと声をかけても、何の反応もなかった。皆、どこか表情が暗い。

なぜモスクの写真を撮ってはいけないか

ウパール郷のバスターミナルの近くに、モスクがあった。モスクには大きな赤い垂れ幕がかかっていて、白い文字で「愛国愛党」と書かれている。写真を撮ろうと近寄ると、ウイグル人警官に見とがめられた。とぼけて「なぜ写真を撮ったら駄目なのか？」と聞いてみる。「モスクの写真は撮ってはいけない」「外からでも駄目なのか？　美しい建物だからよく見たい」「近寄っては駄目だ」……押し問答になったとき、普通の警官ではない特別警察（SWAT）の文字のついた防刃ジャケットの警官がやってきて、「何事だ」と尋ねた。私はもう一度、なぜモスクの写真を撮影したらいけないのか？　と聞いてみる。「あれは閉鎖されたモスクだ」とSWAT。「閉鎖されたモスクの写真をなぜ撮ってはいけないのか」。

理由は分かっている。農村のモスクを手当たり次第に閉鎖して、愛国愛党の垂れ幕でラッピングしている様子が知られたら、やはりそれは宗教を冒瀆している証拠として国際社会から批判されるからだ。

SWAT警官は次第に、私が何者かを怪しみ出して「旅行者なのか？　記者じゃないのか？」と問い詰めてきた。「ただの旅行者だ」といえば「一人でウパールに来たのか？　ウパールに何しに来た？」と問われ、私は「ウパールはアーファンティの故郷だと聞いた。記念館やモデルの人物のお墓か何かがあるかと思って」と適当なことをいった。

「仕事は何だ?」「小説家だ（ウソ）。次回作はウイグルの民話を題材にしたい（ウソ）」……。

だがSWAT警官はそのウソを信じてくれたようで、無線でウパールの派出所に連絡を取り「日本人の女性小説家がアーファンティのお墓がウパールにあるのではないか、と尋ねてきているのだが、そういう話はあるか」と問い合わせてくれた。結局そういう話はない、という結論に至るのだが、私が「中国の警官がこんなに親切だとは感激した」とたたえると、ずいぶん気をよくしたようで、いろいろと個人的なことも話してくれた。

ウパールに配属されて6年目であること。故郷は陝西省西安《せんせいしょうせいあん》であること。「西安には行ったことがあるか?」と聞くので、「もちろん。兵馬俑《へいばよう》にも行きました。素敵な街ですよね」と褒《ほ》めると、いかめしい顔をつくっていた彼の顔が年相応にほころんだ。彼はまだおそらく20歳代だ。「これからもずっと、ウパールにお勤めですか? 故郷に帰りたいでしょう」と問うと、「国家に捧げた身だ。忙しくて帰る時間もないよ」という。「ご結婚は?」「今年の後半にする予定だ」「お相手はウパールの方? ウイグル族?」「そうだ。この地でずっと仕事をしていくことになるから、この地で相手を見つけたほうがいい」……。

任務のためとはいえ、故郷から遠く離れたウパール郷で、ほとんど言葉の通じないウイグル人部下をもち、ウイグル人妻をめとり、敵意を隠し持っているかもしれないウイグル人のなかで暮らし続けるのは、若い漢族警官にとってつらいことも多々あるだろう、と推察された。

「これからどこへ行くのか？」と問うので、「バリン郷に行きたい」と答えた。「バリン郷には何がある？」。バリン郷事件の現場です、とはいわずに「杏の花が有名ですよ。今ごろ綺麗だと思って、行きたいのです」とだけいった。彼は部下のウイグル人警官に「バリン郷に杏の花は咲いているのか？」と問うと、部下は「咲いています」と答えていた。だが、ウパールから直接、バリン郷には行けない。やはり途中に検問があって、タクシーでは行けないのだ。

ウパールから8㎞離れたところにアクト行きのバスが出ており、アクトから引き返すかたちでバリン郷に行くのがいちばん早い、ということを教えてくれたうえで、車を呼んであげようと、車を一台呼んでくれた。ウイグル人の運転する白タクだ。

ＳＷＡＴ警官は、そのウイグル人運転手を指して「あなたの行きたい場所などを全部説明しておいた。目的地についたら20元を支払ってやってくれ」。そしてウイグル人運転手に対しては、身分証明書とプレートナンバーを写真に撮り、「お前のことは全部警察が記録しているのだから、変な真似するんじゃないぞ」と、ちょっと恫喝めいた口調で命じていた。

「このあたりはあなたが思うより危険なのです。一人旅はまず安全第一に、お気をつけて。ウイグル人は人を騙《だま》しますが、彼は大丈夫です」といった。ウイグル人と漢族の関係性とはこういうことなのか、と納得した。だがこの警官は見たところ純情で、任務に忠実な若者だ。

その白タクに乗って、８㎞離れたアクト行きのバスターミナルに行ったが、アクト行きのバスは出発しない。運転手に聞けば「あと４人、乗客が来るのを待っている」と。つまり、人が集まらねば出発しないということだ。結局、時間の関係でアクト行きは諦《あきら》め、再びウパールに戻り、コナシャハル経由でカシュガル市内に戻ったのだった。結局、羊は最後まで見かけることはなかった。

美しい町は巨大な監獄である

なぜ羊はいなくなったのだろう。なぜ警官がこんなに増えたのだろう。なぜホテルに入るにも、バザールに入るにも荷物と身体の検査が必要なのだろう。日本で失われた20年といわれた時代に相当する時期に、このウイグルの地で何が起きたのか。そしていま現在、何が起きているのか。

私がカシュガルに行く、と友人の在日ウイグル人にいったとき、「平時なら、私の実家にぜひ寄ってください、といいたいところなのですが、いまはそれができないんです」といった。外国人ジャーナリストが彼らの家族、ウイグル人と接触すると、それだけで〝再教育施設〟送りになるかもしれないから、と。

外国人や漢族の観光客はこの地に来て、清く正しく共産党に忠実な善良なウイグル人が暮らす、ゴミ一つ落ちていない、スリ一人いない完璧なウイグル人の町を観光できる。だが、そこに住んでいるウイグル人たちにとって、いまは平時ではなく、異常な緊張感のなかで怯えながら暮らしている。

実際にこの地に来てみれば、観察力のある人なら気付くだろう。若い男性が相対的に少ないことや、木陰に座る老人たちに笑顔が見えないことや、観光客に接する女性たちの表情が妙に硬いこと。

刺すような日差しと涼しい木陰に彩《いろど》られた日干し煉瓦（いまは同じ色合いの焼き煉瓦で作り直されている）でできた美しいウイグルの町は、外国人も漢族も自由に観光できるが、そこに住んでいるウイグル人にとっては巨大な監獄なのだ。外から来た旅行者には、美しい治安のよい理想の観光都市に見える、21世紀で最も残酷な監獄社会。

そんなSF小説にも出てきそうな現実が、じつは日本と一衣帯水の隣国のさい果てにあるウイグルの地に存在する。本書は、ウイグルの地でいま何が起きているのか、ウイグル人に何が起きているのか、昨今の国際社会で断片的に報じられている情報を整理し、理解してもらおうと書き始めた。私は、これが21世紀最悪の民族文化の抹殺であり、民族浄化といってよい非道が行われた、と後世の歴史家が語るような問題ではないかと思っている。ウイグル語もできず、ウイグル問題や中央アジア史の専門家でもない私が、この問題を語るには力不足であることは承知しているが、私の周りのウイグルの友人や中国の監視社会化に危機感をもつジャーナリスト、知識人たちの協力を得て、伝えられることはたしかにあるだろう。

まずは知ってほしい、という思いから。

第一章

「再教育施設」の悪夢
——犯罪者にされる人々

テロリストと間違われる

2013年7月、私が山東省のとある工場地帯の環境汚染問題を取材していたとき、地元警察に身柄を一時拘束されて尋問を受けたことがある。環境汚染問題の取材が原因ではなく、まったく意外な理由だった。

私はウイグル人の〝テロリスト〟と間違われたのだった。

地下水汚染の原因となっている、と地元農民から批判を受けていた化学工場の周りをタクシーに乗ってこっそり写真を撮っていたときに、交通整理の警官に「お前は何をしている？」と見とがめられた。私は中国語の分からない日本人観光客のふりを通そうと、日本語で「道に迷っちゃって」みたいな何か適当なことをいってみた。

すると、警官に「お前、さてはウイグル族だな！」と言いがかりをつけられた。さらに、その警官は「おれはもともと新疆での兵役経験があるから、ウイグル語が分かるんだ」と同僚に訴えて、電話で上司らしき相手に「ウイグル族のテロリストを捕まえました！　化学工場の周りをうろうろしていました。テロの下見ではないでしょうか」などと報告していた。

そのとき、ようやく気が付いたのだ。その日は7月4日。2009年7月5日にウルムチで発生したウイグル人の大規模デモとその武力鎮圧である「ウルムチ騒乱」（7・5事件）4周年前日ということで、全国でウイグル人の抗議活動に対する厳戒態勢が敷かれていたのだ。新疆からはるか遠く離れた山東省でも、おそらく公安当局に不審なウイグル人摘発ノルマが課されていたのだろう。

典型的な〝平たい顔族〟の私を、どうして彫深い面立ちのウイグル人と間違えたのだろう。あとで分かったのだが、どうやら、日本語とウイグル語は語感がちょっと似ているかららしい。またウイグル人でもモンゴル系の血が強い人や、キルギス人とのハーフなどは、東洋的な〝平たい顔〟をしているらしい。ともかく当時、いかにウイグルに対し、言いがかり的な不当拘束や尋問が行われていたかを、私は身をもって知った。私は成り行きを見届けたくて、最後まで日本人パスポートを警官に提示しなかった。

近くのホテルに連れ込まれ、数人の警官および上層部らしい人たちが駆け付けたところで、そのなかの一人が片言の日本語が分かり、どうやら私の話す言葉が日本語であることに気付き、さらに山東省公安庁から日本語の分かる警官が通訳としてやってきて、ようやく私にパスポートを提示するように日本語で伝えたのを受けてからパスポートを出したので、身元確認が完了し、帰宅が許された。

「お詫びに食事をおごる」と誘われたが、私もあまり詮索されたくない立場であったので、友人と食事の約束があると辞退して、急いで現場を離れたのだった。ホテルに缶詰めにされたのはだいたい4時間ぐらいだったか。

100万人以上のウイグル人が強制収容されている!

私が日本人であったから普通の観光客であると結論付けられたのだが、もし私が本当にウイグル人であれば、工場の写真を撮っていただけでテロリスト容疑を掛けられて、そのまま逮捕されたかもしれない。あるいは、カザフスタン人やキルギス人であっても逮捕されたかもしれない。私は無事帰ってこられたが、帰ってこられずに監獄や〝収容所〟に送り込まれたウイグル人の数はいったいどれくらいに上るのだろう、とそのとき恐ろしく思った。
あれから6年。こうした根拠不明の言いがかりで強制的に収容されているウイグル人がじつは100万人、あるいは200万人以上いる、という報告が国際社会で明らかになりつつある。中国に暮らすウイグル人は約1100万人。つまり10人前後に1人の割合で、身体の自由を奪われているウイグル人がいるのだ。

2018年8月にジュネーブで開かれた国連人種差別撤廃委員会では、最大200万人規模のムスリムが中国で強制収容施設に入れられて再教育を受けている、と報告された。

BBCや『ニューヨーク・タイムズ』の報道をもとに詳しく述べると、8月10日の会合で、米国のゲイ・マクドゥーガル委員が、中国政府が「ウイグル自治区を大規模な収容キャンプのようなものにしている」と報告、被収容者数が少なくとも100万、あるいは200万人に上ると訴えた。

これに対し13日の会合で、中国代表団はこの報告を「完全な捏造《ねつぞう》」と反駁《はんばく》。委員会に参加していた統一戦線部第9局副局長でもある胡連合《これんごう》は「職業訓練所はたしかに存在するが、強制収容所ではない」「100万人も収容されていない」「ウイグル人を含む新疆の市民は平等な自由と権利を享受している」と答えたうえで、ただ「一部に宗教過激派分子に騙された人がいて、彼らの社会復帰を支援している」と悪びれることなく主張した。中国側が、新疆の問題について、ここまで公開の場で反駁するのは珍しいことであり、このニュースは国際社会の注目を浴びた。マクドゥーガル委員は、この中国の言い分に対して「100万人が多いというなら、何人収容されているのか?」と反論している。

8月30日の最終会合において、国連人種差別撤廃委員会は「中国の法律におけるテロリズムの定義はあまりに広く、過激主義のあいまいな引用と分裂主義の定義も不明確」と批判したうえで、目下勾留中のウイグル人の即刻釈放や、勾留人数や勾留理由の提示などを中国政府に求める総括を行った。

中国共産党のウイグル人への迫害はいまに始まった話ではない。だが、習近平政権になってから打ち出されている対ウイグル政策は、これまでとちょっと様相が違う。〝再教育施設〟に100万人収容、という例を取っても、中国共産党に刃向かう反体制派を抑え込むというレベルから、ウイグル全体の民族・文化・伝統そのものを〝改造〟しようといわんばかりの苛烈さを感じさせるではないか。いったいいま、新疆ウイグル自治区で何が起きているのか？

生還者の証言――再教育施設は現代の〝ラーゲリ〟

国連人種差別撤廃委員会や欧米メディアが人権侵害の問題として注目し始めた、新疆ウイグル自治区の〝再教育施設〟とはいったいどんなものなのか。2018年になってから、欧米メディアがだんだんその内情を、実際に収容された人物やその家族から取材して報じ始めた。

『ウォール・ストリート・ジャーナル（WSJ）』（2018年8月20日付）の欧州文化神学学院（ドイツ）のエイドリアン・ゼンツ氏のインタビューによれば、〝再教育施設〟は推計1300カ所以上。その実態は、まさに現代の〝ラーゲリ〟だ。ウイグル人から尊厳と信仰と伝統と文化を奪い、ウイグル人そのものを中国人に改造する非人道的施設だった。

その実態を報告するリポートのなかで最も生々しいものの一つは、おそらく、カザフスタン人のオムル・ベカリの告発だろう。

オムルは、2017年3月からおよそ8カ月、新疆ウイグル自治区カラマイ市郊外の農村にある「再教育施設」に収容されたのち、奇跡の生還を果たした。その後、オムルベク・アリの仮名で証言活動を行い、メディアの取材も受けてきたが、2018年10月下旬にアムネスティ・インターナショナル日本の招聘で東京、大阪などで講演会を行った際には、今後は本名で問題を告発する決心をしたという。

実名活動への切り替えは、おそらくはその直前の、強制収容中の80歳になる父親の死が関係しているかもしれない。このとき、彼の通訳を担当した在日ウイグル人は私の友人である。彼は、オムルの経験をぜひ日本のより多くの人に伝えてほしいとして、オムルの講演や彼自身が聞いた話を日本語翻訳して提供してくれた。

ここで、その貴重な体験を伝えたい。

袋を被せられ、手足を縛られて連行

オムルは1976年トルファン生まれ。民族的にはカザフとウイグルの混血で、成人後はカザフスタンで仕事をするようになった。やがてカザフスタンで国籍を取得し、カザフスタン国民として旅行ビジネスに従事。カザフスタン南東部の都市、アルマトイの旅行会社の副社長を務めるまでになった。2017年3月23日、仕事でウルムチに出張した。仕事を終え、帰国前の3月25日に両親の住む故郷、トルファンの実家に立ち寄った。その翌日の3月26日のことである。突然、武装警察がやってきた。問答無用で頭に袋を被せられ、手足を縛られて連行されたのだった。

どこに連れてこられたのかは分からない。「最初に血液と臓器適合の検査を受けた。自分の臓器が中国人の移植用に使われるのかと思い恐怖を感じた」とオムルは振り返る。その後、4日にわたり、激しい尋問を受けた。「お前はテロリストを手伝っただろう?」「新疆独立運動に加担したな」「テロリストの主張を擁護したな」……答えないと、警棒で脚や腕を傷跡が残るほど殴られた。だが、拷問に屈して「はい」と答えてしまえばテロリストとして処刑されると思い、必死で耐えた。「私はカザフスタン国民だ。大使館に連絡を取ってくれ」「弁護士を呼んでくれ」と要求しても、無視された。他のウイグル人が拷問を受ける姿も目の当たりにした。両手を吊るされて、汚水タンクに首まで浸けられて尋問されていた。

寒い夜中、水を掛けられて生きたまま凍えさせる拷問も見た。同じ部屋に収容されていた2人が拷問により衰弱死した。1人は血尿を出しても医者を呼んでもらえず、放置された。

「ウイグル人に生まれてすみません」

尋問のあとは、洗脳だった。いわゆる「再教育施設」に収容され、獣のように鎖でつながれた状態で3カ月を過ごした。小さな採光窓があるだけの12㎡ほどの狭い部屋に、約50人が詰め込まれた。弁護士、教師といった知識人もいれば、15歳の少年も80歳の老人もいた。カザフ人やウズベク人、キルギス人もいたが、ほとんどがウイグル人。食事もトイレも就寝も〝再教育〟も、その狭く不衛生な部屋で行われた。午前3時半に叩き起こされ、深夜零時過ぎまで、再教育という名の洗脳が行われる。早朝から1時間半にわたって革命歌を歌わされ、食事前には「党に感謝、国家に感謝、習近平主席に感謝」と大声でいわされた。

さらに、被収容者同士の批判や自己批判を強要される批判大会。「ウイグル人に生まれてすみません。ムスリムで不幸です」と反省させられ、「私の人生があるのは党のおかげ」「何から何まで党に与えられました」と繰り返す。

「『私はカザフ人でもウイグル人でもありません、党の下僕です』。そう何度も唱えさせられるのです。声が小さかったり、決められたスローガンを暗唱できなかったり、革命歌を間違えると真っ暗な独房に24時間入れられたり、鉄の拷問椅子に24時間鎖でつながれるなどの罰を受けました」と当時の恐怖を訴える。

さらに、得体の知れない薬物を飲むように強要された。オムルは実験薬だと思い、飲むふりだけをして捨てた。飲んだ者は、ひどい下痢をしたり昏倒したりした。食事に豚肉を混ぜられることもあった。食べないと拷問を受けた。そうした生活が8カ月続いた。115kgあったオムルの体重は60kgにまで減っていた。

「同じ部屋に収容されていた人のなかから毎週4、5人が呼び出されて、二度と戻ってきませんでした。代わりに新しい人たちが入ってきます。出て行った人たちはどうなったのか」

常時警官に見張られ、また被収容者同士も相互監視を強いられた。寝るときは、同じ部屋の3分の1の15人ほどが起きて、残りの被収容者の寝ている様子を監視させられた。拷問に慣れ、痛みも感じなくなり、このまま死ぬのだと、絶望していたという。

報復のための虐待死?

オムルが生きてこの施設を出ることができたのは、オムルがカザフスタン国籍をもつ社会的地位のある人間であったことが大きい。中国当局に拘束されたと聞き、カザフスタンに残されていた妻は国連人権委員会へ手紙を書いて救いを求めた。親戚もカザフスタン大使館を通じてカザフスタン外務省に訴え続けた。人権NGOやメディアも動き、ついに2017年11月4日、オムルは釈放された。釈放されたとき、自分が収容されていた場所が「カラマイ市職業技能教育研修センター」であることを初めて知った。

オムルは自由の身になったが、トルファンにいた両親、親戚ら13人は強制収容されてしまった。２０１８年9月18日、収容所内で80歳の父親が死亡した。死因は不明だが、ウイグル問題を国際社会で告発し続けるオムルへの報復のための虐待死が疑われている。オムル自身、いまも日常的に命の危険を感じて、一人で出歩かないようにしている、という。だが、自分やいまだ囚われの身の家族の命を懸けても、いまウイグルで起きていることを世界に告発していく強い意志を持ち続けている。

きっかけは２０１４年の〝爆破テロ事件〟

ここで、あらためて〝再教育施設〟がどういう経緯で登場したかについて、きちんと説明しておこう。

中国当局は、再教育施設はあくまでも過激派宗教に染まった人々が正しい中国人の道に戻るように教育し、社会復帰を支援するための施設、と説明している。だが、それが真っ赤な嘘であることは、オムルの腕に残る拘束具の傷や父親の死が証明している。

再教育施設、正式には「職業技能教育研修センター」。新疆地元メディアでは「脱過激化研修班」「教育転化研修センター」などと呼ばれており、名称は一定していない。

新疆ウイグル自治区の党委員会および政府が２０１４年以降、正式に政策として導入。習近平政権が２０１２年秋に誕生して2年目のことだ。

きっかけは、２０１４年4月30日に新疆ウイグル自治区の主要鉄道駅、ウルムチ南駅で起きた〝爆破テロ事件〟だといわれる。この事件は、習近平が国家主席となって初めて新疆ウイグル自治区を視察し、その最終日に現場のウルムチ南駅近くを訪れた直後に発生した。習近平一行になんら被害はなかったが、駅の待合室に居合わせた乗客らが巻き込まれ、１人が死亡、約80人が負傷した。犯人はウイグル人の〝過激派テロリスト〟であるとされ、新華社によれば刃物を振り回す集団が駅の出入り口で次々、人を襲ったあと体に巻き付けた爆弾を爆発させた、という。犯人2人は即死だった。

この事件は非常に謎の多いもので、正確なことは分かっていない。現場には銃撃戦の痕跡があったという情報もある。

党内筋によれば、この事件について、習近平は自分を狙った〝暗殺未遂〟であったと考え、恐れおののいたという。

この新疆ウイグルの初視察の目的は、解放軍の対テロ部隊の演習視察、激励などであった。この習近平視察に合わせて、ウイグル独立派が犯行を計画したとすれば、解放軍や要人警護にあたる中央警衛局、あるは公安警察の上層部に習近平の移動日程やルートをテロリストに漏らした者がいるのではないか、と当時は噂になった。習近平が失脚させた公安警察のトップの元政治局常務委員（中央政法委員会書記）の周永康《しゅうえいこう》の公安警察内の残党か、あるいは同じく習近平が失脚させた解放軍の長老・徐才厚《じょさいこう》の軍内残党がウイグル独立派に情報を流し、暗殺行動を唆《そそのか》した、というまことしやかな噂がネット上に流れた。

だが、実行犯がウイグル人であったことは事実らしく、習近平はこのとき、ウイグル人への強い恐怖と憎しみを植え付けられたという。この体験が「ウイグル人に対しては徹底的な〝思想教育〟が必要」という認識に至り、習近平は「イスラム教の中国化」「ウイグル人の思想再教育」の推進を強く訴えた。

折しもこの時期、中国で昔から思想教育施設として機能していた〝労働教養所〟が憲法違反であるとして廃止されたばかりだった。労働教養所は2013年11月に廃止された。これは、社会秩序を乱す人民に対し〝労働を通じて思想教育する〟という目的で3年（改善が見られない場合はさらに1年延長できる）を限度に強制収容するものだが、逮捕手続きや裁判などは必要なく、たんに当局が気に入らない、という理由で収容が可能だった。

また、無報酬できついノルマの長時間の強制労働に従事させられ、拷問や虐待も日常的に行われていたため、監獄より劣悪な人権侵害施設として知られていた。2013年当時、公式発表では全国に350カ所以上、16万人が収容されていたが、浦志強《ほしきょう》ら一部の人権派弁護士、中国の写真雑誌『Lens』などメディア関係者がこの施設の違憲性や虐待の凄まじさを告発し続けた結果、廃止となった。ただし、浦志強はのちに別件で身柄拘束されて弁護士資格を剝奪され、『Lens』は廃刊処分になるなど大きな代価が支払われている。

こうした労働教養所がなくなったことで、中国では〝社会不穏分子〟を手当たり次第に収容できる〝施設〟がなくなり、その代替施設の制度化を求める声も治安維持当局側からあった。

党員や宗教関係者から一般ウイグル庶民がターゲットに

2014年7月、新疆の党委員会統一戦線部、組織部から地域の共産党員、共青団員、公務員に対して、イスラム教の信仰禁止、ラマダンへの参加禁止、モスクでの礼拝禁止の徹底が通達された。共産党規約では党員が信仰をもつことを禁止していたが、ウイグル人の党員や公務員がイスラム教徒であるケースは、実際はかなりあった。当初の〝再教育施設〟はウイグル人党員および公務員、いわゆる体制内人士、あるいは共産党指導下のイスラム教組織の幹部らへの再教育から始まった。

当時、新疆各地では、ムスリムのアホンと呼ばれる宗教指導者が祭祀の途中で突然連行されたりする事件が発生していた。彼らは再教育施設に入れられて、自分たちの行いが党規約や法律に違反しているなどと自己批判させられていたことが、中国共産党中央党校の学術リポートのなかで成果として記されている。

だがその制度のターゲットが、当初の党員や宗教関係者から一般ウイグル庶民に広がるにはそう時間が掛からなかった。

とくに２０１６年８月29日に、新疆ウイグル自治区の書記に陳全国が就任してから、この〝再教育施設〟は急速に拡大する。

泣く子も黙る「３大酷吏」の一人・陳全国

陳全国《ちんぜんこく》は習近平の３大悪代官（中国語で３大酷吏）の筆頭といわれ、泣く子に「陳全国が来るよ」というと泣き止む、というジョークがあるほどの残酷なイメージがある。新疆ウイグル自治区書記の陳全国、北京市の書記の蔡奇《さいき》、江西省の書記の劉奇《りゅうき》が通称・習近平新時代の３大酷吏。いずれも容赦ない手口で庶民を迫害し、搾取する政策を実施している。

蔡奇は、北京市の〝低端人口（最下層人口）〟と呼ばれる出稼ぎ農民が集まり住んでいた地域を、老朽化家屋が多い危険な〝スラム〟と称して年末の極寒の最中、突然取り壊し、３０0万人に上る出稼ぎ者を寒空の下、路頭に迷わせた。

住居を失った彼らは、春節を待たずに故郷に強制的に戻らされた。このころ北京にいた私は、北京南駅周辺で布団などの大荷物を担いでうろうろしていたり、空き地や植え込みで野宿したりする出稼ぎ農民一家の途方に暮れた様子を目の当たりにした。知り合いの家に来ているアイさん（お手伝いさん）の親戚一家も家を失い、しばらくアイさん宅に居候していたが、最後には故郷の山東に帰ったという。

市内では、主に出稼ぎ者が担《にな》っていた宅配便の配送員が急激に人手不足になり、宅配便機能不全に陥り、その余波で郵便局までパンクする事態になった。当時、北京市のスラムでは不審火が相次いだが、これは蔡奇が〝スラム〟を取り壊す口実にわざと起こした〝火事〟ではないか、とも囁かれた。

江西省の劉奇は「埋葬改革」を突然実施。伝統的に土葬が多いこの地域で火葬を広めるため、2018年9月からすべての死者に火葬を強制。これに違反して土葬を行おうとする家庭に対しては、強制的に棺を奪い火葬を実施。また、すでに土葬にした墓に対しては重機で掘り起こすなどの蛮行に出た。

家族が大枚を払って、建てた高価な墓石や遺体の入った棺を目の前で破壊していく粗暴さに、『検察日報』など一部中国公式メディアですら「いくら火葬実施率100%を目指すにしろ、非人道的であり、すぐやめるべきだ」と報じるほどであった。

彼らは〝南北の奇〟とも呼ばれ、習近平政権下の悪名高い書記であるが、陳全国が新疆ウイグル自治区で行ってきた〝ウイグル再教育政策〟はこの〝南北の奇〟が裸足で逃げ出す、ともいわれる残酷さだった。

チベット弾圧の辣腕を習近平が高く評価

陳全国は1955年生まれで、文革末期に解放軍に入隊。除隊後の78年に河南・鄭州《ていしゅう》大学に入り、卒業後は河南省平輿《へいよ》県の下っ端役人から官僚人生をスタートした。優秀で李克《りこつ》強《きょう》が河南省省長時代は右腕と頼りにされたので、共青団派、李克強派という見方もあるが、少なくとも新疆ウイグル自治区書記に就任したのは、習近平の強い推挙があったからだ。

習近平が陳全国を気に入った最大の理由は、2011年8月から2016年8月までのチベット自治区の書記任期中の功績だった。

陳全国がチベット自治区書記のあいだ、数字上の経済発展は目覚ましく、2012年のGDP成長率は前年比11・8%、2013年は12・1%、2014年は12%。2015年は11%と4年連続2桁成長を実現。全国的に景気の落ち込みが激しかった2015のGDP成長率は全国1位を記録した。一方で、チベットの治安は安定したと評価された。そのやり方はチベット仏教に対する徹底的な管理体制の導入だ。

まず、毎年2万人の党幹部を選出して、各県、鎮、村ごとに派遣し、責任制を導入。駐在先の村で、3、4世帯を選び、その家庭の人間関係、経済情報、思想・行動のパターンを徹底的に調べあげ、一種の結社的ネットワークを形成し、そのネットワークを中心に村全体を監視、統治強化を実施するように指示。また、チベット寺院にも同様に、党の選出された幹部を派遣し、また派出所の配置も徹底。寺院駐在幹部に複数の僧侶や尼僧との交流を義務付け、同様のネットワークを基礎にして寺院内部を統制するシステムを形成した。

また、寺院に対しては〝九有政策〟と呼ばれる9つの物を常備するよう義務付けた。指導者の肖像、国旗、道路、水道、電気、通信設備、テレビ・ラジオ、新聞、書店。これら9つの物はチベット寺院の生活を便利に豊かにすると同時に、チベット仏教の厳しい修行を世俗化させ、共産党が宗教をコントロールしやすいようにする目的があったとされる。

この政策による村々や寺院の相互監視、内部統制システムはチベットの反体制派を抑え込む効果があったとされる。寺院ではマルクス・レーニン主義の学習の義務化が徹底され、寺院に派遣された党幹部が尼僧や僧侶を〝世俗化〟させるという目的でセクハラや性的暴行を働くといった問題も起きた。敬虔な聖職者、信者はこの厳しい監視社会の抑圧への絶望から焼身自殺を図るものも増えた。

チベット仏教の僧侶、尼僧、信者らの焼身自殺は、2008年3月14日のラサの騒乱に対する中国当局の武力鎮圧事件以降の10年間で150人を超えているが、陳全国の恐怖政治が彼らをいっそう追い詰めたのだ、といわれている。

こうした陳全国の辣腕を習近平は高く評価し、彼が最も恐れる新疆ウイグル自治区の不穏分子を殲滅《せんめつ》することを彼に期待したのだった。2016年8月に新疆ウイグル自治区の書記に抜擢され、2017年秋の第19回党大会では政治局委員入りする、という急出世を遂げたのだった。

身柄を拘束できる「脱過激化条例」を施行

陳全国の対ウイグル政策は、対チベット政策以上の苛烈さだった。

陳全国はまず、警察官を新たに3万人増やし、新疆全域に7300カ所の安全検査ステーションを設置した。また県、市レベルの政府庁舎所在地に前述の便民警務ステーション（交番）を設置。便民警務とは地域密着型の警備を指し、中国メディアは「町の灯台」といった見出しで、気分が悪くなった市民に便民警務ステーションで薬や飲み物を提供した、といったハートウォーミングな市民とお巡りさんの交流物語を報じているが、これは事実上の監視員だ。

ウルムチ市だけで、2017年10月の段階で949カ所の便民警務ステーションができていた。これがウイグル人の多い和田（ホータン）地区になると、6780人の警官あるいは予備警察が、1130カ所の便民警務ステーションに配属されていた。2017年末までに、こうした便民警務ステーション要員としてさらに9万人が募集された。新疆地域でこれほど警官が増えたことはない。

こうした警察力増強の結果、2017年の新疆の犯罪逮捕数は全国第1位で22・8万人。新疆ウイグル自治区全人口2200万人のおよそ1・5%で、全体逮捕人数の21%を占めた。これは2016年の7・3倍。この増え方は異常で、普通に考えれば新疆で犯罪が増えたというよりは、犯罪者にされた人が増えた、というべきだろう。

さらに、ウイグル人の身柄を拘束できる新たな法的根拠を施行した。それが反テロリズム法弁法(新疆ウイグル自治区における反テロ法ガイドライン、2016年8月施行)に続く「脱過激化条例」だ。2017年4月1日から施行されたこの条例は、地域のウイグル人たちをテロリズムに走らせないように予防するための法律。だが、実際はウイグル人の中国同化戦略の一環だ。新疆地域の建前上の立法機関である新疆人民代表大会常務委員会の解説によれば、目的は「新疆地域の社会の安定、治安維持」。

「過激化とは一つの精神の毒瘤《どくりゅう》であり、智慧と強靭な力によって制御し、切除すべきものだ」「極端な思想の浸透によって民族分裂を行おうとするのは、〝3つの勢力〟すなわちテロ勢力、民族分裂勢力、過激派勢力の常套手段だ」「過激思想、暴力テロ活動を根絶しないと、これらはがん細胞のように分裂増殖する」……そう定義して、過激思想の宣伝、拡大につながると思われるあらゆる活動、要素を徹底排除、根絶するための法律といえる。

伝統、文化、習俗、歴史の全否定

では、具体的にはどういうことが禁じられているのか。

禁止事項として挙げられているのは、過激化思想の宣伝・散布▼他人の宗教信仰の自由への干渉▼他人への宗教活動への参加強制▼宗教関係者への贈り物や労働の提供▼他人の婚姻葬式見合い、遺産相続への干渉▼他民族、他の宗教への信仰をもつ人間との交流や共同生活に対する干渉▼他民族や他の信仰をもつ人間と居住地域を分けること▼文化娯楽活動に対する干渉や排斥▼メディアやテレビなどの公共サービスに対する拒絶▼ムスリムの習慣の一般化、拡大▼ハラルの概念の拡大▼ハラルを理由とした排斥▼他人の世俗生活の干渉一般化……。

過激化の象徴として禁止事項に挙げられているのは、自分がベールを被ったり、他人に被らせたりすること▼非正常的な髭を蓄えること▼法律手続きを経ずに宗教的方法で結婚や離婚を行うこと▼子女に国民教育を受けさせないこと▼国家の教育制度実施を妨害すること▼恫喝や誘導によって他人に国家政策の享受に抵抗させること▼故意に身分証など国家の法定証明書などを棄損すること、人民元札などを汚損させること▼公共物私物財産を故意に棄損させること▼過激化を含む内容の文章、出版物、ビデオ、録音などの出版、印刷、発行、販売、制作、ダウンロード、ストレージ、コピー、査閲、書き写し、所有▼計画出産政策実施に対する干渉、破壊▼その他過激化言論および行為……。

こうした禁止事項を取り締まるために、行政単位や個人が自覚的に過激化を排斥、抵抗し、過激化言動を検挙すること、そして脱過激化に貢献した行政単位や個人に対しては表彰、奨励を行うよう強調している。

また、民族の習俗、正常な宗教活動、非正常な宗教活動と過激化行為の限度、区分、性質分類をよく把握し、団結した大多数によって孤立したごく少数を打撃するべきだと要請している。また、正確に政治の方向性、世論の方向性を堅持し、イデオロギー領域の抵抗、分裂闘争への反対を強化し、メディアを利用した過激化宣伝や社会秩序の擾乱《じょうらん》を禁止することも要求。いかなる機関および個人も、過激化宣伝、伝播につながる研究、社会調査、学術論壇を禁止するとしている。

さらに教育転化工作、つまり再教育をうまくやり、思想教育・心理的指導、行動の強制と技能研修を結合させることで再教育をより効果的にすべきだ、としている。各種企業や社区（居住区）と連携して、人口流動を強化して脱過激化工作をうまくやるように、とも強調している。そのために自治区内の下級政府に「職業技能教育研修センター」を設置するよう求めた。

この職業技能教育研修センターによる再教育政策については2018年秋、国際社会から「強制収容問題」に対する批判が高まったことを受けて条例を改正してわざわざ書き加え、

「合法化」の建前を整えた。

そして条例違反に対しては、程度が比較的軽度であれば、公安機関および関係部門が責任をもって矯正し、批判教育や法治教育を与えること。違反の程度が犯罪とまではいかずとも相当に重い場合は、反テロ法や治安管理処罰法、自治区の反テロ法弁法に従い、違法所得没収などの罰則を適用すること、あるいは他人に与えた損害については法に基づき民事責任を問うことなどが決められている。

条例は、いかにももっともらしいことをいっているように聞こえるが、分かりやすくいえば、ムスリムであるウイグル人が普通に信仰の自由を行使して、ムスリムの習慣にのっとった結婚や葬儀や子供の教育を行ったり、豚肉を食べることを拒否したり、ベールを被ったり髭を蓄えたりすれば、過激化しているとのレッテルを貼られ、再教育施設送りになり、財産を没収される、ということだ。

大学や研究機関でイスラムの伝統文化、歴史を研究することも、ウイグル人同士で集まって暮らすことも、ウイグルの伝統にのっとって幼馴染や子供のころから決まっている許婚《いいなずけ》との結婚もすべて条例違反と言いがかりをつけられるし、地元当局による漢族との強制結婚や、漢族居住地域への強制移住や出稼ぎ斡旋《あっせん》にも抵抗できない。抵抗すれば条例違反になり、再教育施設送りになる、ということだ。

ウイグル人が本来もつ伝統、文化、習俗、歴史の全否定、ウイグル人の信仰、イデオロギー、価値観をすべて中国の特色ある社会主義核心価値観に塗り替えなければ、再教育を施《ほどこ》されるということである。

パスポート回収と海外留学生の呼び戻し

脱過激化条例施行に基づき、地域の普通のウイグル人に対する管理監視強化が一気に進んだ。

まず、ほとんどのウイグル人たちがパスポートを回収され、原則当局が保管することになった。つまり、ウイグル人は当局の許可なしに外国には行けないのだ。

また、すでに外国にいるウイグル人、とくに海外留学生の呼び戻しを行った。素直に戻ってきそうにない場合は、「帰国しなければ母親を再教育施設に送る」と脅す場合もあった。あるいは両親を脅して留学中の息子や娘にウソの連絡を入れさせた。「急用があるのですぐ帰国してほしい」「帰国して政府の仕事に協力してほしい」……。

こうした証言や記録は、ラジオ・フリー・アジア（ＲＦＡ）のウイグル人記者たちが集めて報道すると同時に、海外メディアやジャーナリストにも提供している。本書で紹介している新疆地域の具体的情報も、とくに表記がなければＲＦＡからの引用、提供である。

中国当局がテロに関与している要注意国家としてリストアップしている26カ国、エジプトやサウジアラビア、ケニアなど中東、アフリカのイスラム圏に留学している学生が、まず呼び戻された。中国当局は、海外でウイグル人たちがより深いイスラム教に染まることを警戒したのだという。帰国した学生たちは身柄を拘束され、再教育施設に放り込まれ、なかには逮捕され、犯罪者として投獄された者もいた。

危険を察知して帰国しなかった学生に対しては、たとえばエジプトでは、中国当局の要請を受けて当局が留学生たちを拘束した。エジプト当局は２０１７年7月の段階で、少なくとも200人のウイグル人留学生の身柄を拘束し、中国に強制送還した。留学生たちに対する身柄拘束の理由は告げられなかったという。

一部のイスラム国家政府は中国経済に依存しており、中国当局の強い要請に逆らえない事情があった。こうして2018年までにエジプトだけでも3000人、全世界でおよそ8000人のウイグル人留学生が帰国させられた。帰国後の消息はほとんど不明という。再教育施設か刑務所に入っているか、あるいは〝死亡〟させられているか。日本にいるウイグル人留学生の状況については後述するが、少なくとも10人が学業半ばで帰国させられている。

パスポートを没収された中国・新疆地域のウイグル人たちは、日ごろの言動、生活態度などを総合した社会信用スコアの結果、地元当局から「優良市民」と認められた場合、パスポートを戻してもらい、海外に行くことができるという。だが、この優良市民になるのは至難の業だ。しかも、それなりのまとまった金を担保に預けていなければパスポートは返却されない、という報告もある。

恐ろしい「社会信用システム」

陳全国はさらに、新疆のウイグル人管理にＩＴやＡＩなど最新科学技術を導入した。地域全体を網羅するようなインターネット監視網を構築し、彼らの私生活にまで踏み込んでいった。

陳全国はまず、新疆地域の全居民に対して「社会信用システム」のスコア制度実施を指示した。

「社会信用システム」は、２０１４年6月に中国国務院が発布した「社会システム企画要綱２０１４‐２０２０」で打ち出された。「社会信用システム」は社会主義市場経済および社会主義統治体制の重要な構成部分であるといい、全社会の構成員を対象に、その信用記録および信用インフラネットワークを構築。信用を守ることを奨励し、信用を失った場合は懲罰の対象となるメカニズムによって、全社会の信用・誠意の意識、信用水準を高める、としている。２０２０年までの完成を目標としている。

システム自体は欧米社会のクレジットカードの信用スコアなどを参考にしているのだが、恐ろしいのは、これが共産党体制による統治に利用することを目的としている点だ。具体的なシステムの構築は地方政府ごとに行われている。スコアの点数のもとになるのは政務信用、商務信用、社会信用、司法公信。具体的には、脱税していないかどうか、ビジネス上の契約違反や知財権違反、借金の踏み倒しなどがないか、学歴、慈善活動、マナー違反のあるなしでポイントの加減があるのが普通だ。だが、このシステムの構築や運営は地方政府に委《ゆだ》ねられており、地域差が大きい。

ウイグル人であるだけでマイナス10ポイント

新疆ウイグル自治区の場合は、この社会信用スコアシステムの導入が他の地域よりも急速に徹底して進んでいったし、また収集される個人情報も宗教・思想関連の項目が多い。

たとえば、ウルムチ市。ラジオ・フリー・アジアが２０１７年12月に入手したウルムチ市河北西路社区の住民の信用スコアによれば、基礎点１００点から、ウイグル人であるという

河北西路社区常住户民语系打分表

家庭住址	人数	姓名	年龄	年龄段（15-25岁、26-40岁、41-55岁）	维吾尔族	无业人员	持有护照	每日礼拜	有宗教学识	去过26国	逾期入境人员	有境外关系人	家有留学儿童	总分数	放心	一般	不放心
一区19-3-103	1	依不拉音・司马义	85		-10		-10	-10	-10	-10				50		√	
区17-1-102	2	依米提・阿吾提	59		-10									90	√		
	3	肉先古丽・肉孜尼牙孜	56		-10									90	√		
	4	阿衣古丽・依米提	35	-10	-10									80	√		
	5	阿孜古丽・依米提	28	-10	-10									80	√		
	6	古丽尼格尔・西尔艾力	11		-10									90	√		
区20-3-302	7	艾麦提・赛麦提	63		-10									90	√		
	8	米那拉尔・阿不都热依木	59		-10									90	√		
	9	米赛尔・艾买提	29	-10	-10	-10								70		√	
7-3-601	10	依不拉音・克依木	51	-10	-10									80	√		
	11	白地努尔・艾合买提	45	-10	-10									80	√		
	12	苏比依・依不拉音	13		-10									90	√		
	13	苏必努尔・依不拉音	18	-10	-10									80	√		

信用スコア表（河北西路社区）（RFAより）

だけでマイナス10ポイント、パスポートをもっているだけでマイナス10ポイントとなっている。

そのほか、毎日礼拝している▼宗教知識がある▼中国のテロ関与国家リストに上がっている26カ国（アルジェリア、アフガニスタン、アゼルバイジャン、エジプト、パキスタン、カザフスタン、キルギスタン、ケニア、リビア、ロシア、イラン、マレーシア、タイ、サウジアラビア、南スーダン、トルコなど）に行ったことがある▼海外に親戚がいる▼海外留学中の子供がいる▼海外でオーバーステイしたことがある、などで減点されていく。点数が低いと再教育施設送りだ。

新疆地域で就職している非市民を含め、住民は皆、身分証番号と住所、使用しているパソコン、携帯電話・スマートフォンなどの登録が義務付けられ、記者活動をしたことがあるかどうか、宗教信仰の詳細、宗教知識のレベル、行ったことのあるモスクの名前、パスポートの有無、海外渡航記録などを申告しなければならない。

監視アプリのダウンロードを強制する

さらに、所持している携帯電話には監視アプリのダウンロードを強制した。

浄網衛士と名付けられたこのアプリは、善良なる市民がテロに関する動画や写真、情報を所持しないように監視する目的で開発された、と公には宣伝されている。開発経緯は不明だが、上海の藍灯データ公司（上海ランダソフトデータ・テクノロジー）が関わっているらしい。

この会社は2006年にできたばかりだが、開発したシステムは新疆のほか、広西、河南、吉林、雲南の公安当局で利用、応用されており、とくに新疆のバインゴリン・モンゴル自治州総合情報センターにおける協力などが知られている。同社が開発したシステムはビッグデータテクノロジーを応用し、逃亡犯の追跡を可能にするとともに、瞬時に情報を地域の公安当局関係部門に転送し、公安当局の犯人逮捕に貢献している、という。

よく似たシステムに、2009年に中国工業情報部が開発した検閲ソフト「グリーンダム・ユーススコート（緑壩《りょくは》・花季護航《かきごこう》）」がある。商品名のとおり、若者をネット上にはびこる害悪（ポルノ、暴力など西側の穢れた文化）から守ることを目的に、同年7月、中国で発売されるすべてのパソコンにこの検閲ソフトのインストールが義務付けられるとされたことで、中国のネットユーザーのあいだで大反発が起きたことは日本でも「グリーンダム事件」として報じられた。

中国のネットユーザーのうち、ネット絵師とよばれるアマチュアイラストレーターらが、この検閲強化に緩い抵抗の意思を表すために「グリーンダムたん（緑壩娘）」という萌絵キャラをつくり、ネット上に流布し、それを日本のネット絵師たちが応援するという奇妙な現象が起きたことでも知られる。

結局、こうした抵抗運動と国際社会の評判の悪さ、開発会社に対する政府からの資金打ち切りなどが続き、一部ネットカフェや学校で導入されただけで、2011年以降は市場から消滅した。

違う通勤路を通るだけで警官から理由を問われる

また広東省公安当局は、2017年ごろから、ポルノや不健康なサイトからわが子や青少年を守るための公益アプリ「反黄之盾‐浄網衛士」の無料ダウンロードサイトを公開している。ただ、これは強制ではなかったはずだ。

浄網衛士は、新疆の市民をテロや過激化に関わることから守ることが建前上の狙いだ。運営は新疆公安当局が中心となり、2017年7月ごろからウルムチ、イリ、ハミなどで強制ダウンロードの通達が出ていることが次々と報じられるようになった。

ダウンロードすると、ネット上のテロ絡みの情報、映像、サイトにアクセスできず、スマホ内のそうした情報も削除され、また自動的にそのスマートフォンのSIM情報、Wi‐

Ｆｉのログイン情報、使われているＳＮＳ微信や微博のログなどスマートフォンのなかの情報を公安当局のサーバーに転送するので、通話記録、交友関係、ＳＮＳでの私的発言などすべてが当局にまる分かりとなる。

これをダウンロードしていなければ、やはり再教育施設に入れられる。街中を歩いていると警察からスマートフォンの提示を求められ、インストールしていなければ、その場でインストールが強制され、またインストールを拒否したり一度インストールしたものを削除したりすると身柄拘束され、再教育施設入りというケースもある。

またＧＰＳで24時間、居場所が分かる。スマートフォンの持ち主が普段と違う通勤路を通るだけで、警官からその理由を問われたことがある、という報告もある。

ウイグル人だけでなく、カザフやキルギスの人々も対象となった。２０１７年7月、イリ・カザフ自治州コルガス市では10人のカザフ人女性が地元警察に逮捕された。理由は、微信のグループチャットの会話の内容が不適切であったという。だが彼女たちは普通の女性たちで、その会話は政治も宗教も関係ない。カザフスタンと移民に関するおしゃべりにすぎなかった。

本書でも章を改めて記すが、こうしたムスリム管理の背景には、中国習近平政権が掲げる経済一体化構想「一帯一路」戦略がある。この戦略に沿って新疆地域と隣接するカザフスタンに多くの中国企業が進出しており、そのことに反感をもつカザフスタン人の抵抗運動が多発していることから、中国当局はカザフスタン人にも警戒感を高めているのだった。

強制健康診断による血液・DNA・虹彩・指紋の採取

こうした個人情報には、DNAや虹彩といった生体情報も含まれると見られている。英紙『ガーディアン』（2017年12月13日付）によれば、新疆当局が12歳から65歳までの新疆住民を対象に「無料健康診断」を実施し、血液、DNAおよび虹彩、指紋情報を採取しているという。これは建前上、地域住民の健康を守るためのサービスだが、強制性があり受診は拒否できない。こうした生体情報を個人情報とリンクさせているといわれている。

『ニューヨーク・タイムズ』（2018年2月5日付）によれば、新疆の各市に配備されている「安全警務ステーション」「便民警務ステーション」（派出所、交番）では、道行くウイグル人たちに、抜き打ち的な身元確認として身分証とスマートフォン情報、虹彩情報の照合を頻繁に行っており、また銀行などでも本人確認を虹彩で行っているという。

中国では目下、公安当局の犯罪捜査に役立てるためという名目で全国的規模でDNAデータバンクを構築中だが、新疆居住者データの収集が異様に多いことはかねてから問題視されている。DNAデータバンクは米国でもDNA解析による強姦犯の割り出しに利用されており、米国もやっているじゃないか、という批判はあるのだが、新疆居住者に偏《かたよ》っているのは、ウイグル管理に役立てるつもりだと疑われている。

公安当局は2020年までに1億人分のサンプル収集を目標としているが、目下新疆地域で集められたサンプルが3600万人分。このサンプル収集が、再教育施設入所時の健康診断によるものであるなど強制的な場合が多いことがウイグル人たちを不安にさせていた。

このDNA解析に関わる中国人科学者たちは、イエール大学の遺伝学者ケニス・キッド教授と調査データを共有しており、そのデータは遺伝子上から祖先にウイグル人をもつかどうかを血液サンプルから特定するために使われていた。DNAデータバンクは単なる犯罪防止のためだけでなく、民族プロファイリングや臓器提供者検索に利用するつもりではないか、という疑いも出ていた。

また、中国のDNAデータバンク構築に使われる解析ツールなどは米バイオテクノロジー企業サーモフィッシャーサイエンティフィックが提供していた。こうした事実は『ニューヨーク・タイムズ』の取材で明らかになり、サーモフィッシャーは米議会や世論から批判を浴び、2019年2月、DNAデータベース構築ツールの中国への販売中止を決定している。

こうした個人情報、つまり身分証明書、職業、宗教信仰、パスポートの有無、人間関係、家族関係、渡航経験、SNS上の発言、ネット上の閲覧・ダウンロード記録、生体情報、位置情報まであらゆる情報はビッグデータとして当局のサーバーに集積されている。

ウイグル人はテロリスト・犯罪者予備軍という前提

2018年2月13日、深圳《しんせん》の顔認識AI企業センスネッツテクノロジー（深網視界科技）

のデータベースにあった250万人分の新疆ウイグル自治区住民の個人情報が流出したことがツイッターなどでも話題になった。このデータは長期間、保護されていない状況で同社データベースに保存されていたという（その後、すぐにセンスネッツのデータベースはファイヤーウォールで保護されるようになった）。

インターネットの自由を守るためのNPOである「GDI基金会」のセキュリティリサーチャー、ヴィクター・ジーバスが『ワシントン・ポスト』のインタビューなどに答えた内容を総合すると、中国政府はセンスネッツの顔認識技術によって新疆地域の住民のなかから100万人のウイグル人を1分もあれば識別でき、しかもGPSでその位置情報も解析でき、彼らがモスクにいるのか、ホテルにいるのか、一瞬にして分かるのだという。流出したデータには名前、身分証番号や発行期日、性別、国籍、住所、生年月日、顔写真、勤務先などの情報が含まれているほか、過去24時間にどこにいたかという座標まで示されていたという。

センスネッツは、オフィシャルサイトで「これは社会の治安管理、刑事捜査分析、反テロ・治安維持のための積極的効果のためである」と自社の正当性を主張していたが、これはウイグル人全体をテロリスト・犯罪者予備軍という前提で監視しているという中国当局の監視の苛酷さを裏付ける発言でもあろう。

数万人の群衆から約60人を割り出す

ちなみにセンスネッツは新疆のほか、江蘇省連雲港市、広東省、湖北省武漢市、貴州省黔《けん》南《なん》プイ族・ミャオ族自治州の一部の市の公安当局と提携し、顔認識AIシステム開発や分析を請け負っている。センスネッツに限らず、中国の顔認識AIシステムカメラを支えるテクノロジー企業、たとえばセンスタイムやダーファといった国際的にも著名な民間企業が参入している。この中国の顔認識AIカメラを利用したハイテクネットワークによる監視統治強化は、じつは新疆地域に限ったものではない。これは天網工程、雪亮《せつりょう》工程などと呼ばれる全国を網羅するシステムの導入の一環でもある。

中国はインターネットの管理監督統制のため、90年代に「金盾《きんじゅん》工程」を開発、全面的に導入したが、「天網」と「雪亮」はそれに続く、中国全国に普及させるためのハイテク監視監督統治システムで、人民の犯罪行動予防を目的に監視するシステムだ。

「天網」は都市部の犯罪予防および犯罪者、逃亡中の指名手配犯の追跡・確保を主な目的としており、その性能の高さは、たとえば香港人気歌手の張学友の2018年の中国コンサートツアーの各会場で数万人単位の群衆のなかから合計約60人に上る指名手配犯を割り出し、逮捕につなげた実績が中国メディアによって喧伝されている。天網の構築を進めるために、2018年末までに中国の主要な交通機関の駅、ターミナル、公共施設などを中心に2億台前後の顔認識AIカメラが導入されている。都市部のカバー率はほぼ100%だと当局はいっている。

同時に農村部の治安維持を目的とした「雪亮工程」も急速に進められており、2018年の中央一号文件（年初に発表される中国共産党が最重要視する政策方針）でも、雪亮工程の推進が取り上げられた。

雪亮工程は県、郷、鎮レベルの農村で農民による集団事件を含めた治安事件を予防するた

ウルムチでは交通違反者の顔を晒して社会制裁を行なう

めのシステムで、村の隅々を網羅する監視カメラ映像と、村民の個人情報およびスマートフォンなどにダウンロードされたアプリをリンクさせ、かつ村民の相互監視強化によって構築された監視監督ネットワークシステムだという。「雪亮」とは雪のように明るいという意味であり、雪のように汚れなく、明るい農村の治安を表現している、らしい。四川省がテストケースとされ、２０１５年暮れから２０１６年暮れまでに４６００村に導入された。その結果、犯罪発生率50％減、犯罪検挙率50％増という実績を示している。運営においては地域の党組織の指導者にノルマや責任が課されている。

2017年には、この雪亮工程の重点地域として新疆の農村が挙げられている。新疆のカラマイ市では同年7月までに雪亮工程が実施され、大学や中央公園、観光名所などに800カ所、1万2000道路に集中して監視カメラが配置され、監視監督管理が徹底されたという。それに続いてウルムチ市、ホータン市など次々と導入が進んだ。

中国では全国で監視カメラはすでに27億台が設置されている。一人当たりじつに2台の監視カメラが中国人民を見張っているのだ。しかも顔認識カメラは2018年暮れの2億台から2020年までにさらに4・5億台に拡大する計画だ。画面に映る人間の身元を数秒で割り出す高性能のカメラが中国人口2〜3人当たり1台配備される勘定だ。その監視カメラの最大集中地域が新疆地域である。

私生活に入り込む監視員

2019年の春節（旧正月）は2月5日だった。中国人にとってはめでたい新年を祝うこの日は、ウイグル人にとっては悲しみの日だ。新疆ウイグル自治区グルジャ市（伊寧市）でウイグル人のデモを解放軍が武力弾圧し、100人以上の犠牲者と190人以上の処刑者を出したグルジャ事件のあった1997年2月5日を思い出すからだ。

この事件は、改革開放後に起きたウイグル人弾圧事件としては最大規模であり、ウイグル人の心に深い傷となって刻まれている。だがこの悲しみの日に、グルジャ市で漢族役人たちが春節祝いの「貧困少数民族救済」という建前で、ムスリムにとって禁忌の豚肉と酒をもってウイグルやカザフの家庭を訪れた、とRFAが報じた。春節を祝う習慣のないムスリムのウイグル人に春節を祝うように強要するだけでなく、忌避すべき豚肉と酒を無理やり食べたり飲ませたりする。

しかも偶然とはいえ、グルジャ事件の記憶が甦る2月5日に、である。非常に残酷なことをやっている。だが、ネット上のSNSにアップされた動画には、笑顔のウイグル人が対聯を貼る様子や、豚肉を料理する様子、酒を飲んで春節を祝っている様子などが映っている。彼らは笑顔まで強要されているのだ。

「脱過激化条例」では、イスラム教文化の世俗化、淡化、中国化が脱過激化の方法として挙げられている。だから、春節を祝う習慣のないムスリムに春節を祝わせ、ハラルを否定させ、イスラム風の服装をやめさせ、イスラム風の家屋を改造させるのだ。それを嫌々やらされているのではなく、喜んでやっているということを対外的に示すために、笑顔で楽しそうに漢族役人と交流している様子を動画などで流布し、またメディアに報じさせている。

ウイグル人にとって何よりも辛いのは、こうした漢族役人の訪問を受けたときに、笑顔を貫かなければならないことだという。嫌な顔、抵抗の様子を見せようものなら、再教育施設に送り込まれることになるのだ。

ウイグル人家庭に対する漢族公務員あるいは民間監視委員の突然の訪問、ホームステイは春節に限らず、頻繁に行われている。それはいかにも笑顔の多民族交流というふうに中国メディアで報道されるが、実態は私生活と心のなかまでずかずかと土足で入り込み、信仰と誇りと自由を奪うきわめて残酷な精神的虐待である。

その残酷さは、『人民日報』（2018年11月8日付）の「新疆100万幹部が各民族群衆と直接交流」という記事のあとに、外国人の目から見た漢族公務員のウイグル家庭訪問ルポ

(『ニューヨーク・タイムズ』2018年12月20日付)「ウイグル家庭に闖入《ちんにゅう》する百万人公務員」を読むと際立つだろう。

中高年には観察記録をつける

新疆地域で2016年10月から導入された「結対認親」と呼ばれるこの「新疆民族団結工作」は、異民族同士が「相互直接交流によって相手に親しみをもつ」ことが目的と宣伝されている。2018年9月末までに全自治区で110万人の党幹部、公務員、俗にいう「民族団結国家工作員」が169万世帯のウイグル人、カザフ人らを訪問している。

『人民日報』などは「異なる民族が皆親戚となった」という見出しで、ウイグル家庭の一家団欒の場に上がり込む地元漢族の党員、公務員らが〝老人や子供たちと和気あいあい〟お茶を飲みながら、交流している様子をルポしている。『人民日報』では、地元幼稚園教師である若い女性党員がウイグル族の子供たちや老人たちに慕われている描写が冒頭に来るので、党員、役人たちが本当に礼儀正しく家庭訪問をしているかのように見えるが、これが外国人学者の目から見たルポになると様相が違う。

人類学者として新疆南部に2年間にわたってフィールドワークしていたダレン・バイラーのルポでは、ウイグル家庭を訪問する公務員「漢族民間国家工作員」ときちんと信頼関係を築いて取材、彼らが民族団結工作をどのように行っているかを詳細に聞き取り調査し、その内容を紹介している。

たとえば、漢族民間国家工作員たちはまずウイグル人家庭の若者たちのために、活動スケジュールを組んであげる。毎朝、村の党支部に行って国旗掲揚、国歌斉唱に参加し、夜には習近平思想の勉強会。一緒に中国文化を学ぶためのテレビ番組を見て、中国の書道を練習し、革命歌を歌う、など健全で世俗的に育つよう指導するのだ。

そして中高年のウイグル人に対しては観察記録をつける。祖国忠誠度はどの程度か、中国語の水準はどうか、イスラム教に対する信仰の度合いはどうか。とくに留意するのは〝過激化〟の兆候があるかどうか、だ。

「アッサラーム アライクム」と隣人たちとあいさつする、家にはコーランがある、金曜に

習近平思想を学ぶ子供たち（協力者提供）

サラート（礼拝）を行う、ラマダンで断食を行う……。こういった現象は、中国政府の政策に照らし合わせれば「過激化」の兆候となる。若い女性たちのスカートの長さ、若い男性の髭の様子、なぜカードゲームをしないのか、なぜ映画を見ないのか。こういう部分も宗教過激化のシグナルととらえられる。

漢族から見た健康的な〝世俗家庭〟とは、壁に習近平の肖像画と国旗が張ってあったり、また子供たちに指図せずとも自主的に普通話（マンダリン）で会話したりするような家庭だ。だが一見、世俗家庭に見えても、彼らが本当に過激化していないという証拠にはならない。なので、工作員たちは、いろいろ質問してそれを確かめる。〝敏感地域〟に行ったことがある親戚がいるかどうか。外国に知り合いがいるかどうか。アラブ語やトルコ語を聞いて意味が分かるか。村の外のモスクに行ったことがあるかどうか。もし答えに詰まるようだったら、何か隠し事があるかもしれないと考え、子供たちにこっそり質問してみる、という。

漢族民間国家工作員たちは、ウイグル人が中華民族に対していくら忠誠を誓ってみせても、その笑顔の下で〝病的な信仰心〟が治癒できていないかもしれない、と考える。それを見極めるための簡単な方法は「たばこを1本吸わせる」「一口ビールを飲ませる」あるいは「異性に手を伸ばしたときに、彼らの反応を見る」などだ。あるいは市場で肉を買ってきて「一緒に餃子を作ろう」と誘う。もし、ウイグル人たちが「それは何の肉か」と気にするようであれば、彼らには「過激化」の傾向ありということになる、というわけだ。

バイラーのルポはなかなかの長編で詳しく、いまウイグル農村で起きている〝民族団結工作〟が、いかに非人道的な精神的虐待であるかを浮き彫りにしている。自分の家の中ですら、自分の本来の姿を偽り、家族の前でも本音を封印し、好まぬ客を笑顔で招き入れなければばならない苦痛は想像を絶するだろう。

漢族役人たちの前では、幸せで健康的な世俗的ウイグル家庭を営んでみせているのであれば、事情を知らない通りがかりの旅行者が漢族民間国家工作員とウイグルの交流風景を見掛ければ、おそらく理想の多民族国家だと思い、欧米メディアが報じるウイグル弾圧はフェイクニュースだと思うかもしれない。実際、中国の都市部の良心的漢族知識人のなかには、ウイグル人は優遇政策を受けている、と信じて疑わない人も多いのだ。

バイラーのルポはいまもネット上で英文で読めるので、一読を推奨する（巻末にアドレスを掲載）。

臓器移植ビジネスの生贄

なぜウイグル人がここまで集中的に管理され、身柄を拘束されるのか。その理由の一つとして、彼らは「臓器移植」のドナー候補として狙われているのではないか、という恐怖をもっている。再教育施設からの生還経験をもつオムル・ベカリも、血液検査や身体検査を受けたときに「臓器を取られるのではないか」という恐怖を覚えたと語っている。一般庶民のウイグル人まで管理のためにＤＮＡや血液サンプルを提出させるのは、異様といえば、異様だ。

実際、ウイグル人が臓器提供者として狙われているという噂は90年代からあった。いつごろだったかはうろ覚えだったのだが、私がすでにフリーランサーになってから1年か2年ぐらいの２０１１～12年ごろのことだ。北京を訪れたとき、私は友人の中国人ジャーナリストから「日本人で腎臓移植を望んでいる人はいないか」と真顔で聞かれた。私は友人が、まさか臓器ブローカーみたいなことに手を出しているのかと心配になって問い質《ただ》したところ、彼の行きつけのウイグル料理屋の亭主から、カザフ人の少女が腎臓を１つ売りたがっているのだ、と相談を受けたらしい。

その少女は母親が心臓病で、その手術代2万元を稼ぐために腎臓を売ることになり、ブローカーによって北京に連れてこられたのだという。ところが北京に到着した段階で、レシピエントが死亡したとかで、手術がキャンセルになった。当然、腎臓は売れず、母親の手術代ももらえず、彼女は一人北京に放り出されたところを、そのウイグル料理屋に〝保護〟されて、可哀そうだから、代わりにレシピエントを見つけてやってほしい、と漢族らしい善意からの相談話だった。

当然、違法行為で、そんな話に協力するわけはないのだが、取材対象としては興味深い。だから「母親の手術代と彼女の里帰り旅費は私がすべて払うので、まず彼女と会って話がしたい」と伝えた。うまく行けば、臓器移植ブローカーの闇に迫る興味深いルポ取材ができるかもしれない。だが彼女は、私と会う約束を直前に反故《ほご》にして行方不明になってしまった。誰かが私のことを日本人のジャーナリストだと漏らしたので、怯えたのかもしれない。特ダネを取り逃してしまった。

このときはなぜ新疆の農村くんだりから北京まで臓器を売りにくるのか、ピンときていなかったのだが、あとになって、新疆は一大臓器提供者市場で、ブローカーも多いということを知ったのだった。

「死刑囚遺体・臓器を利用するための暫定的規定」の施行

中国の臓器移植状況を簡単に説明すれば、1960年代から実験的に始まり、1972年に初の家族間生体腎臓移植に成功、その後、さまざまな臓器移植のトライ・アンド・エラーを重ねて技術的向上を図ってきた。1984年に「死刑囚遺体・臓器を利用するための暫定的規定」が施行され、身元引受人がいない、あるいは家族および本人が反対しない場合、死刑囚の臓器を医学の進歩のために利用してよい、ということになった。

中国の臓器移植技術が飛躍的に進歩したのは、この法律が支えたからといってもいい。2007年の人体臓器移植条例が施行されるまでは、中国の臓器移植における死刑囚臓器利用は合法で、臓器売買も公然と行われていた。それだけでなく、子供が突然失踪して帰ってきたときは腎臓が1つ抜かれていた、という事件や、臓器や眼球が奪われたバラバラ遺体が発見される、という事件は地方でけっこう報じられている。

2007年の人体臓器移植条例は、こうした無法地帯化していた臓器移植分野に対して①

臓器の売買は禁止し、無償であり、かつドナー本人の意志が明確であること、②生体肝移植は配偶者、3親等内の血縁関係があること、③外国人に臓器を提供しないこと、などが決められた。

中華医学界としてこの年、死刑囚の臓器提供は親族がレシピエントでないかぎり原則禁止する、との声明も出していた。2007年に、最高裁（最高人民法院）の審査を経ずして地方裁判所が勝手に死刑判決を出すことができないように司法改革をしたのは、「死刑囚臓器」の地方司法当局の利権化を防止するためでもあった。このころは、移植医療機関および移植希望者が臓器を奪い合う状況で、地方司法当局が賄賂目当てで死刑にする必要のない人にまで死刑判決を乱発する状況もあったからだ。

その後、死刑執行は大幅に減ったが、それでも死刑囚臓器を移植医療に利用する現実は続いていた。2009年の段階で、中国の移植手術の65%が死刑囚から提供されたものだった。これは中国紙『チャイナデイリー』の報道で明らかにされた。このころ、カナダで『ブラッディ・ハーベスト』（デービット・キルガー、デービット・マタス著）という法輪功学習者をターゲットにした「臓器狩り」の実態を暴く書籍が話題となり、死刑囚ドナーの実態が非人道的な強制的な臓器搾取であるとして、国際社会からの風当たりが非常に強くなった。

このため、当時の移植医療の最高権威であり、衛生部副部長の黄潔夫《おうけつぷ》は「死刑囚臓器を利用すべきでない」という方針をあらためて発表した。2012年から段階的に死刑囚臓器の利用を縮小していき、2015年以降はいっさい死刑囚臓器を利用していない、というのが中国の公式の立場である。いまは日本と同様に、生前に明確に臓器提供の意志を示した書類を残していないかぎり臓器提供できない、ことになっている。

ムスリム民族の臓器は「清い臓器」

だがいまなお、新鮮な臓器を得るために死刑囚、服役囚が利用されている、あるいは死刑になる必要のない人までが死刑判決を受ける、あるいは病気など獄中の不審死者を臓器ドナーに利用しているという噂が消えず、その最大の〝市場〟が新疆ではないか、という疑念が拭えずにいるのだ。

2015年以降、死刑囚臓器の利用は全面禁止されているはずなのに、中国の移植手術件数は順調に伸びており、2017年で1・6万例と発表されている。だが、中国のドナー登録件数は2018年まででせいぜい37・5万人。英米の統計方法だと、このドナー登録数から適合者が見つかり、手術が実現できる数は26〜52人くらいのはずだといわれている。2017年の善意のドナー提供は5146例と発表されているが、「全然計算が合わない。信用できない」とワシントンに拠点を置くNGO組織「強制臓器奪取に反対する医師の会（DAFOH）」代表トルステン・トレイ医師がボイス・オブ・アメリカにコメントしている。ちなみに米国はドナー登録1・4億人に対して、適合して臓器提供が実施できたのは1万284人（2017年）。

とすると、考えられるのは家族間生体臓器移植、闇密売ルート、そして死刑囚の臓器くらいだ。死刑囚でも市民の一人だから、善意のドナーになりたいという希望があれば拒否できない、という言い訳は可能だ。実際、黄潔夫がそのような発言をしている。だが、実際に中国に死刑囚の意志を尊重できる環境があるかどうか。

家族間生体移植は合法だが、実際は家族証明など偽装できるため、密売ルートの温床になっている。だがそれも、じつはそんなに多くない。中国は伝統的価値観もあってお金をもらってもドナーになりたくない、という人のほうが多いのだ。中国の土俗信仰では、遺体に傷つけることは辱《はずかし》めることだとして忌避する。いまだ火葬を嫌がる人も多いので、江西省の強制火葬が「残酷な政策」として強い反感を買うのである。「死体に鞭打つ」ことを最大の侮辱と捉えるのも、こういう価値観が根底にあるからだ。

とすると、強制的に臓器を提供させることができ、膨大な血液検査やＤＮＡなど生体情報が登録・管理されていて即時に適合検査が可能で、最近急に逮捕者や勾留者が増えていて、しかもその逮捕者・勾留者の身柄がどこにあるか家族にも教えてもらえず、生死安否が確認できない状況にある、という条件に当てはまるのは新疆ウイグル自治区のウイグル人、ということにならないか。

さらにいえば、ウイグル人そのほかのムスリム民族の臓器はハラール・オーガンといって、豚肉を食べていない清い臓器という意味で、同じイスラム教徒のレシピエントのあいだで非常に高い需要がある。移植医療病院では、中東風の容姿をした富裕層の外国人の入院の多さが報告されている。中国側としては、ドナー登録者数に対して移植実施数が異様に高いのは中国の移植技術、たとえば「自己肝臓温存移植術」などのレベルが特別に高く、ドナーの必要ないケースもあるからだ、と主張しているが、とてもそれで説明できる数字の乖離《かいり》とは思えない。

病院ではなく処刑場に

ウイグル人が中国の臓器移植実験に利用されてきた歴史は、英国に亡命中のウイグル人医師アニワル・トフティの証言からも見えてくる。

BBCやRFA、また台湾ネットメディア『今週刊』の取材で、アニワル医師は「実際に手術を執刀した」と証言し、その状況を詳しく説明している。

1963年生まれのアニワルは、1995年、中国当局の命令を受けて死刑囚の臓器摘出を執刀したことがある。

当時、アニワルはウルムチ鉄道局センター病院の腫瘍《しゅよう》外科医。彼は32歳の若輩医師で、二人の先輩医師から「ちょっと野蛮な仕事をやってみないか」と、その中身を説明されずに命じられたという。「若いころにいろんな経験を積んでおくのがいいだろう?」と。

そのころはまだ大規模な臓器移植、生体臓器摘出の事例などは聞いたこともなかった。ただ、最新の科学技術プロジェクトに「臓器移植」というものがあるということだけは聞いたことがあった。その言葉を聞いたのは1990年ごろ、アニワルが輪番で外来診療を担当していたころだった。ウイグル人のとある男性が、長期間失踪後に家に戻ってきたわが子を連れてきて、失踪中に臓器を違法に取られていないか検査してほしいと頼んだ。男性が言うには、少なからぬウイグルの子供が失踪しており、臓器を取られているという噂があるという。

その男性が来たあと、同様の相談で来院してきた親と児童が3組あり、彼らの体には確かに手術痕があり、腎臓が取られていたのだという。子供たちは失踪期間中の記憶があいまいで、夢を見ているようなぼんやりとしたことをいっていた。子供たちの親たちは、子供が失踪したと警察に届け出をしても、取り合ってもらえなかった、という。むしろ子供たちが見つかることを恐れているようで、非常に消極的だったとか。

その後、アニワルは主任医師から、看護師長と助手2人を連れて出張手術の準備をして一緒に来るように命じられた。アニワルの記憶によれば、当時ウルムチには病院が4つあった。彼らを乗せた車は西山病院の方に進んでいたので、西山病院の医師の手術の手助けをするのだろうと考えていた。

だが、車は途中から病院ではなく山の中へ向かっていった。助手たちと顔を見合わせて、どこに行くのだろうと不審がっていると、運転手が「西山処刑場」に向かっている、と教えてくれた。「なんで刑場なんかに行くのだ？」とアニワルは思わず驚いていったそうだ。

「心臓はまだ止まっていなかった」

やがて車が止まり、主任医師は「銃声が聞こえるまで、ここで待たなくては」といった。アニワルたちが緊張して待っていると、数発の銃声が響いた。一行は刑場に入っていった。

なかには銃で後頸部から撃ち抜かれ、前頭部が吹き飛んだ遺体が数体あった。警官がアニワル達を見て、「どれがあなた方のものか?」と尋ねた。「怖くてたまらなかった」とアニワルは当時の心境を思い出す。「われわれのもの、ってなんだ? と思いましたが、聞くことはできませんでした」。

主任医師は一番右の遺体のそばに立ち、アニワルに「急いでこの死体から2つの腎臓と肝臓を摘出しろ」と命じた。アニワルは注意して、その遺体の銃創を見ると、その遺体だけ銃創は胸にあり、後頸部ではなかった。ロボットのように命じられるままにメスを入れると、体がピクリとして、血が溢《あふ》れた。「そのとき、分かったのです。心臓はまだ止まっていなかった。だから血流がまだあったんだ」。

腎臓と肝臓は摘出され、個別に包装され、それを病院に持ち帰った。帰路につく前、刑場の主管が「覚えておくように。何事もなかった、と」と警告めいた一言をいった。その後、誰もその出来事について口にすることはなかった。

それからアニワルは苦悩した。「モスクに行くたびに祈りました。私がやったことは故意ではないのだ、と」。その時の臓器提供者がウイグル人であったかどうかは覚えていない、という。

遺体はほとんど戻ってこない

アニワルの経験は20年以上前のことだから、いま現在、まったく同じことが行われているということではないだろう。だが、アニワルはＲＦＡの取材（２０１９年3月15日）に答えて、新疆のウイグルを含むイスラム民族の臓器が高額でサウジアラビア人の移植手術希望者に譲渡されている可能性、そしてそれにサウジアラビア国家そのものが関わっている可能性について言及している。

彼らは自国でレシピエント登録し、医療費を支払ったあと、ウルムチ市内の移植病院に手術を受けに来るという。中国の病院への支払いはサウジアラビア大使館が立て替える、ということになっているらしい。また、新疆の〝テロリスト〟たちの収容施設は近年、沿海部につくられており、その施設の付近には必ず移植医療施設がある、とも指摘している。

さらにいえば、〝再教育施設〟や監獄で〝死亡〟したウイグル人の遺体はほとんど家族の元に戻ってこない。ＲＦＡが強制収容先で死亡したウイグル人リストを発表している。その数は２０１８年末で63人。ほとんど死因を説明されておらず、遺体も家族のもとに戻っていない。電話で一方的に火葬した、と伝えられるだけだ。そして、再教育施設の周辺やウイグル人密集地域になぜか火葬場の建設が増えており、火葬場職員・警備の急募がネット上に見られるようになったのだ。こういう状況では、疑い出せば疑心は深まるばかりだろう。

移植希望者が現れてから、ＤＮＡ登録がしてあるウイグル人のデータを検索して適合する相手を見付け、その人物を再教育施設に収容し、〝個人の希望〟でドナー登録し、〝不慮の事故か病気で〟収容先で死亡したとしたら、臓器を利用しても〝違法ではない〟と言い張ることはできる。

アニワルはまだ調査を続行中だと語っているが、何がしかの証拠をつかみつつあるのかもしれない。

中国の移植医療がいまや世界最高水準を誇っていることは事実で、２０１６年10月に北京で行われた中国国際移植・ドナー会議では、WHO（世界保健機関）のマーガレット・チャンは、中国の臓器移植が「中国モデル」として各国の臓器移植事業の模範となるとたたえるメッセージを送った。だが、こうした〝世界のモデル〟となる高い技術力の背後に累々と屍《しかばね》が積み上がっていること、ウイグル人ら特定の民族の人体実験によって成り立ってきたとするなら、素直に発展モデルとたたえる気持ちになるだろうか。

もちろん、こういった話は想定に想定を重ねたものだ。こういったことが事実でなく、疑心暗鬼から生まれた妄想であればどんなによいか。だから中国当局がこの疑いを晴らすために、海外の国際機関などの立ち入り調査を受け入れてくれることを願うのである。

核実験の犠牲に――『死のシルクロード』

アニワル医師の話については、新疆で行われた核兵器実験について触れておくべきだろう。

アニワル・トフティがそもそも英国に亡命したきっかけは、新疆の放射能汚染問題の真相を知ってしまったからだ。

1994年ごろ、アニワルは病院に来る少数民族の患者のなかに、がんの罹患率が異様に高いことに気づき始めた。とくに血液がん、肺がん、リンパ腫、甲状腺がん。この4つのがんは放射線物質との相関が比較的強いと思われたので、アニワルはこうした症例に関する資料を集め始めた。やがて、新疆ロプノール周辺の放射能汚染とがんの罹患率に関連性が見えてきた。中国共産党への不信感を募らせたアニワルは1996年、ウルムチを離れ、ウズベキスタンに移住、その後トルコのイスタンブールの病院に職を見つけて移住した。

ある日、トルコのウイグル人組織が彼を訪ねてきて、英国人ジャーナリストを紹介した。彼はトルコで新疆におけるがんの急増に関する情報を探していた。

アニワルはその英国人ジャーナリスト2人に、およそ3日にわたって自分の知っていることを話し続けた。しばらくして彼らは再びやってきて、新疆にカメラマンとともにその現場に取材に行きたいので協力してほしい、と頼んだ。アニワルはその場で協力を申し出た。こうして、英チャンネル4の特ダネとして多くの人に衝撃を与えたドキュメンタリー『死のシルクロード』ができるわけだ。

一行は観光客とガイドのふりをして新疆に行き、秘密裡の撮影を行った。先手をうって先に地元公安局に足を運び、「旅行に来たんだが現地に不案内なんで、もし何かあったらお願いします」とあいさつした。アニワルは記者たちをロプノールの核実験場付近の村に連れていき、先天性奇形やがんに苦しむ村人に引き合わせた。先天性奇形児や眼病患者、その家族のインタビューも行われた。患者のほとんどがまだ子供だった。彼らは核実験や放射能のことを知らず、放射能に汚染された土地、水で農作物をつくり、汚染された空気を吸い続けていたという。

アニワル一行は医療機関内にも潜入し、論文、内部文書を入手、専門家医師にも取材。それによると、90年代の新疆地域におけるがん発症率は中国その他の内陸都市と比較すると30%高く、とくにリンパ腫の比率が突出していたという。新疆地域で行われた核実験の影響を示す証言、資料、それを隠蔽してきたことを示す資料が多く確認された。

新疆ウイグル自治区のロプノール湖周辺では、1964年10月16日に最初の核兵器実験が行われて以来、中国の公式発表で46回の核実験が行われたという。うち23回が大気圏内実験、23回が地下実験。1980年10月16日に最後の大気中実験、1996年7月29日に最後の地下実験が行われた。こうした実験については、新疆地域の住民に説明されることはなく、国際社会に対しても情報が隠蔽されてきた。

放射線防護学の専門家の札幌医科大学教授の高田純の調査ではこうした実験によって、少なくとも19万人が急死し、急性放射線障害による健康被害が129万件以上、死産、異常出産などの胎児への影響が3万5000件以上と推計されている。

この核実験による健康被害を受けた者のなかには、解放軍兵士も多くいた。2009年に天津で起きた退役軍人デモは、放射能による健康被害を訴える新疆兵役経験者2000人によるものだった。このデモにより、退役軍人には健康被害の度合いに応じて毎月230元から4000元の補償が支払われることになった。

一方、ウイグル人を中心とした一般人の健康被害には補償を出していない。急増する健康障害や異常出産については、地元では「宇宙から放射能物質が降り注いだため」という「自然災害」説が説明され、農民たちはそれを素直に信じて苦痛を受け入れていたという。アニワルは平民にも兵士と同じだけの補償を与えるべきだ、とも訴えている。

この『死のシルクロード』はわずか30分のドキュメンタリーだが、取材には6週間が費やされた。またアニワルは素顔をこのなかで晒《さら》し、故郷には永遠に帰ることが不可能になった。

アニワルはトルコに脱出後、英国に旅行ビザで入国、その後亡命を申請した。故郷に残された子供たち、家族には親子関係を離脱して身の安全を図ったが、親戚からも疎まれ、苦労した。18年後、アニワルと再会した娘は「恨んだことがあった」といったが、『死のシルクロード』を見て、父親が故郷を離れざるをえなかったことを理解したという。

中国が米国に対抗しうる核兵器大国になった背後には、中国がいうところの〝人民〟に犠牲を強いてきた歴史があった。その〝人民の犠牲〟は圧倒的に特定の宗教、民族に集中していたのだ。

“再教育施設”を突撃取材した英米メディア

ウイグルの民族弾圧・宗教迫害の問題を国際社会に告発する役割を担ってきたのは、これまでの記述から分かるように、英米メディアが中心となっている。陳全国が書記になって以降の新疆ウイグル自治区の監獄のような実態の報道も、英米メディアが突破口を開いている。

中国は当初、再教育施設について「寄宿舎学校のようなもの」「教育施設」「更生施設」というあいまいな表現で逃げ切ろうとしたが、いわゆる再教育施設というものがそんなものでは決してない、ということが果敢な外国メディアの取材で判明してきた。これは90年代の中国当局の監視がまだ甘かった時代と比べると、かなり困難な取材であったろうと思われる。

再教育施設に関する英米メディアの報道は２０１７年から２０１８年にかけて急増。特に印象的なものをいくつか挙げてみよう。

『ウォール・ストリート・ジャーナル（ＷＳＪ）』は社説（２０１8年8月13日付）で中国の

ウイグル弾圧への強い警告を発信。在米ウイグル問題研究者のアドリアン・ツェンツ氏の言葉を引用するかたちで、この2年間に北西部の少数民族ムスリムが数十万人単位で強制収容所送りにされている可能性を指摘。著名なウイグル族の民族学者で新疆大学教授のラハイル・ダウットが２０１７年12月以降、北京で姿を消したことなどにも触れ、中国のウイグル人弾圧は国際社会が関心を寄せるべき重大な人権問題としている。

さらにＷＳＪは、強制収容所付近の現地取材や米国の衛星写真などを根拠とした秀逸なリポート（8月17日付）を発表している。同紙は、カシュガルに近いケシヘル・イェンギシェヘル県付近の衛星写真の２０１７年4月17日と２０１８年8月15日撮影の2枚を比較するように並べ、そこに建てられている強制収容所建設面積が2倍以上に拡大していることを示した。しかも、ＷＳＪ記者が２０１７年11月に現地を訪れている。そのときにはまだなかった建物も２０１８年8月15日には建てられており、この収容所の拡張が現在進行形で急速に行われていることを示した。

この記事では、米国と国連の専門家の推計として、新疆地域のムスリム少数民族人口の7

%に当たる100万人が収容されているとした。さらに、収容されていたウイグル人やその家族を探しだし、インタビューも取った。22歳のウイグル人青年は「収容所の中国人職員から『この世に宗教なんてものはない、神なんて存在しないのに、どうしてお前は信仰するんだ?』と問われた」と証言している。WSJは収容者の家族ら数十人に接触しているが、うち5人が収容所内で家族が死亡した、あるいは釈放後まもなく死亡したと答えているという。

BBCも早期からこの問題を報道している。2018年2月、ジョン・サドワース記者が厳しい当局の監視の目をかいくぐって新疆ウイグル自治区の現場を取材、収容施設の外観に迫り、街中の物々しい監視体制やウイグル市民がDNAなど生体情報を当局に提供させられている様子を映し出している。取材班が収容施設に行こうとすると、幹線道路が突然封鎖され、「工事中」の看板を掲げられるなどの妨害を受け続けた様子も報じられている。

また、トルコに亡命しているウイグル人男性をインタビューしている。母親と妻が強制収容施設に収容され苛酷な拷問を受けており、拷問を受け続けるならば、「銃弾の金は払うからいっそ撃ち殺してくれ」と訴える悲痛な声を報じた。ＢＢＣはその後もこの問題を継続的に報道。再教育施設から生還しトルコなどに亡命したウイグル人たちから、施設内での拷問経験や、共産党歌を強制的に歌わされるなどの洗脳手段についても具体的な話を聞き出している。

『ニューヨーク・タイムズ』は２０１８年5月16日付で、再教育施設について長編ルポを報じた。このとき、再教育施設こと新疆の「教育転化センター」に50万人以上が収容され、その施設が鉄条網と防爆壁で囲まれた新型思想強制勾留キャンプであると指摘。新疆当局は過去10年のあいだにウイグルの習俗、とくに思想改造に力を入れており、政府は彼らに中国共産党に忠誠を誓わせる署名活動をしているほか、公式の式典などで強制的に党を称賛する舞踊などを披露させる一方で、ムスリムの宗派に伝わる伝統舞踊などは禁止する通達を出している、とリポートしている。

また、新疆地域の住民に対し〝リスク評価〟制度を導入し、先述のようにウイグル人であれば10ポイント減点、毎日ムスリムとして礼拝する習慣があれば、さらに10ポイント減点といったふうに当局にとっての危険度をスコア化していることや、地元当局に対し、再教育施設に収容する人数にノルマが課せられていること、一部の村では村民の40％を収容するようノルマが課せられていることなど、詳細な内部の事情も報じられている。

日本の大手メディアの記者は消極的だった

英米メディアの果敢な現地取材に比べると、日本のメディアはウイグル問題に対する継続した報道はしてこなかった。ＮＨＫのＢＳ放送や一部の雑誌、新聞で単発的に取り上げてはいるが、大手メディアで、この問題を継続的に集中して取り上げているところはない。その背景について、すこし触れておこう。

じつはこうした欧米メディアに刺激を与え、取材の手引きやヒントを与えているのは独立系華字メディアのラジオ・フリー・アジア（ＲＦＡ）などのウイグル人記者たちだ。

ＲＦＡは米議会立法「国際放送法」に基づき、１９９６年に米議会の出資によりワシントンで設立された中国語やウイグル語、チベット語などの多言語短波ラジオ放送局。米国の立場でアジアに対し情報発信をしているが、優れた人権報道で国際的に高い評価を得ている。

2016年以降の新疆ウイグル自治区で発生した問題に関しては、RFAのショフレット・フオシュル記者らウイグル語放送記者チームの報道が最も確度、信頼性の高い一次情報として、世界中のメディアが引用してきた。『ニューヨーク・タイムズ(NYT)』(2018年3月2日)が、RFAのウイグル人記者たちに焦点を当てた記事を書いている。

RFAのフオシュルを含むウイグル人記者4人は、故郷に残る自分たちの家族、親族が中国当局に拘束されるという厳しい報復と恫喝を受けながらも、果敢に新疆地域の大規模弾圧に対して取材を続けているという。フオシュルを含む3人が米国籍保持者、1人が米グリーンカード保持者だ。

中国当局がいうところの分裂主義、宗教原理主義を疑われて、ウイグル人が労働改造的な施設に強制収容されている実態は彼らが最初に詳細に報じた。その実態が中国でいわれているような職業訓練施設ではない、と知ることができるのは、彼らがウイグル語による取材で現地のウイグル人警官やウイグル人公務員から内情を聞き出し、記録したおかげだ。

カシュガル近郊の村で、村民の人口の40％に対する再教育ノルマが村の共産党支部に対して課されていることを聞き出したのも、ＲＦＡだ。このことから、強制収容の対象が宗教過激派であるかどうかはほとんど関係なく、手当たり次第に拘束されていることも浮き彫りになった。

施設内で激しい拷問が行われ、死者が出ていること、ウイグル人を中心にしたムスリム、チュルク語系の民族は現在、経済的に孤立させられ、言語、文化、宗教活動上で厳しい制限を受けていることを詳細に報じてきた。

中国当局がウイグル人記者の家族たちを勾留し人質にして、圧力を掛けていることについて、ＲＦＡは「こういう嫌がらせは珍しいことではない。とくにＲＦＡのウイグル人記者、チベット人記者たちに対しては。だが、いまの（記者家族に対する勾留の）規模は過去最大だ」「記者たちはそのことで注目されたくない。なぜなら彼らは自分の家族がそういう目に遭いやすいことも自覚しているからだ」とＮＹＴに説明していた。

彼らの覚悟と勇気がなければ、こうした現在進行形のウイグル人弾圧の全容が国際社会にここまで注目されることはなかっただろう。

じつは、彼らは日本の大手メディアにも在日ウイグル人を通じてかなり早期から情報提供をしている。私もそういう情報提供を受けている一人だ。だが、日本の大手メディアの記者たちは英米メディアに比して、このテーマについてはかなり消極的であった、と彼らは言う。理由は、そういったメディアは北京や上海に総局、支局をもっており、そうした特派員たちがウイグル問題に手を出すと中国当局に睨まれて、中国における他の取材に支障が及ぶ、というものだった。

国家への信頼の違い

このことについて不満に感じる人たちもいるようだが、日本メディアの中国駐在記者たちが英米メディアの駐在記者たちに比べて強い圧力を受けがちなのも確かだ。理由は簡単で、米国や英国と、日本とでは国力に差があり、中国における記者を含む邦人保護などでもその差が出るからだ。

たとえば2019年5月現在、9人の日本人が〝スパイ容疑〟で逮捕、起訴されているが、日本は彼らの釈放のためにほとんど何の外交交渉も行っていない。せいぜい日本大使館関係者が定期的に見舞いに行って、差し入れをしているぐらいだ。日本にはこうした面で中国と駆け引きできるだけの情報収集能力はじめ外交材料がないのだ。こうした交渉には、当然軍事力、諜報防諜力、経済力や金融を背景にした強い国力が必要だ。

中国当局が外国人記者をコントロールするために、ジャーナリストビザ（Jビザ）の更新拒否や脱税その他の容疑で圧力を掛けることは常套手段だが、米国政府は2013年暮れに米国人記者のJビザ更新拒否問題が起きたとき、バイデン副大統領（当時）自らが北京を訪れ、中国政府と交渉、ビザを更新させた。

同じ時期、日本メディアの記者たちも同様の問題を抱えていたが、日本には同じ真似はできない。日本の場合は、政府の姿勢も世論も含めて、メディアが取材で負うリスクはすべて自己責任であるという考え方が主流である。こうなってくると、メディアは報道よりも、まずリスク回避を優先させがちになる。

さらにいえば、リスクとして、記者自身の身の危険以上に取材相手、ニュースソースを守るというジャーナリズムの原則を貫《つらぬ》けるかどうかという問題もある。現地取材を行えば必ず中国国籍の現地関係者の協力を請うことになるが、彼らの安全を守ることは、いざとなれば帰国すればよい外国人記者自身の安全を守ることより、よほど困難だ。たとえ取材相手にリスクを負う強い決意があったとしても、日本人記者はふつう躊躇する。

私が中国での取材経験で感じたことをいえば、欧米のメディアは「報道の自由」を貫くことを絶対正義と考えているので、多少の犠牲があっても、たとえば情報提供者が逮捕され、拷問を受けるなどの問題が起きても、さほど罪悪感をもたないでいる。逮捕した側が〝絶対悪〟なのだ。また、もし協力者が逮捕されたりすれば、米国はこれを外交問題として取り上げ、その釈放に国家として尽力するのではないか。少なくとも米国記者たちには、米国がそういう〝正義〟を行使できる実力がある、という自国への信頼があるように思う。北京駐在の米国人記者たちが、中国人助手たちにリスクの高い最前線で取材させる様子を私もよく見掛けたが、これは日本メディアにはなかなかできないな、と驚いたものだった。

日本人記者の場合は、そういう割り切り方はなかなかできない。中国には中国の法律、ルールがあり、それを〝報道の自由〟のために犯し、あまつさえ取材協力者を危険に晒《さら》すわけにはいかない、と考える。少しでもそうしたリスクがあれば、取材を諦める選択をすることが多い。不当で不公正なルールでも、ルールはルールと順守しようと考える。

英国のチャンネル4がアニワルにさせたことを、日本のNHKができるか。その責任の重さを背負う覚悟と非情さを持ち合わせているか。その差が報道の力の差ともいえる。どちらがよいか悪いかではなく、ジャーナリズムに対する国民の意識や国際社会における〝国力〟が関わる問題なのだ。

在日ウイグル人の苦しみ――日本にいても魔の手が

2018年秋ごろから、英米メディアの後追いというかたちで日本でもウイグル問題が少しずつ報じられるようになったが、依然、及び腰が続いている。ウイグル問題は取材リスクが高いわりには、読者・視聴者の関心が低いテーマであるということも大きい。だが、日本人にとって本当に遠い国の無関係な出来事だろうか。

中国共産党のウイグル弾圧は、じつは日本でも行われている。留学や就職のために日本で暮らすウイグル人たちも、この中国共産党の民族弾圧の危機に晒され、日々恐怖を感じているのだ。

日本には２０００人前後のウイグル人、あるいはウイグル系日本人が暮らしている。私は東京近郊に暮らすウイグル人社会人、留学生たち約20人にインタビューしたが、その誰もが、家族の誰かを再教育施設に収容されていた。

日本に来て10年、いまは日本国籍を取得しているウイグル系日本人会社員のウマル（仮名、35歳）も、その一人だ。「在日ウイグル人の苦しみを知ってほしい」。２０１８年の秋にウェブメディアに掲載されたウイグル問題に関する私の寄稿を読んで、メールでコンタクトをとってきた。10月のある日、都内のトルコ料理屋で待ち合わせをして話を聞いた。

顔こそウイグル人らしい彫の深い髭を蓄えた目鼻立ちだが、日本語のイントネーションや背広姿の物腰など、普通の日本人サラリーマンと変わらない。日本の名門大学の理工系で学び、研究者の道も考えたが、日本で家族を養っていくためにサラリーマンになったという。同郷の妻と子供もすでに日本国籍を取得している。「中国で起きているウイグル人弾圧のことなど完全に忘れて、日本人として生きていく選択もできました。ですが、やはり私はウイグル人なのです」と語り、仕事の合間に、日本のメディアに対し、ウイグル問題を報道してくれるように働きかける活動を続けている。

この活動を始めたきっかけは、父親はじめ親族が「再教育施設」に収容されたことだった。

70歳を超える父親を含め、親族10人以上が「再教育施設」に収容されている。父親が収容されたのは2017年夏のことだった。「父が入院した、と母親がいうのです」。何の病気？と問い質すと、口ごもる。それで、再教育施設に収容されたのだと察したという。

すでに、いとこや叔父が収容されていたことは聞いていた。監視されているSNSのメッセージで「再教育施設」や「強制収容」という言葉が出てくると、それだけで新疆公安当局の〝ブラックリスト〟に掲載されてしまう、と信じられていた。実際、収容に来た警官から

「収容されたことを外国にいる家族に話した」という理由で身柄拘束された、という例を他のウイグル人から聞いていた。だから、家族が強制収容されたことを、伝えるときはあいまいに「入院した」「学校に呼び出された」といった表現を使うのだ。再教育施設は、古い病院や学校施設を改造したものも多いからだ。

ウマルは、次々と家族、親族が捕まっている状況に、年老いて病気がちの母の不安を思うと帰国して励ましたかった。だが中国に入れば、たとえ日本国籍をもっていても、どんな目に遭うか分からない。悶々としていると1年後の夏、新疆ウイグル自治区当局から突然電話があった。ウマルの周辺の在日ウイグル人の名前を挙げて、彼らの日ごろの人間関係や言動の監視に協力するように、との依頼だった。当然、無視した。間もなく、収容中の父親のビデオメッセージがSNSを通じて送られてきた。

スマートフォンで撮ったと思われるビデオのなかで、父親は「私は元気にしています。中国政府は素晴らしい。息子よ、中国政府に協力してください」とウイグル語で訴えた。「ムスリムの誇りである髭を剃られていました。げっそりと痩せて、焦点の定まらないうつろな目をして。声も、まるで原稿を読まされているようでしょう」とウマルは、スマートフォンでその映像を私に見せた。「ここを見てください。監視カメラがあります」とビデオ映像に映る父親の背後のカメラを指さした。冷静に話し続けていたウマルの声は、このときだけ、震えた。

中国新疆当局は〝スパイになれ〟という要請を断ろうとするウマルに対し、父親を人質に取っていることを見せつけたのだ。父親がどうなっても知らないぞ、と。

「私はこの日を境に、自分のSNSから家族のアカウントをすべて消し去り、故郷の家族とは一切の連絡を絶ちました。こういうメッセージをまた受け続ければ、同胞を裏切ってしまう、と思ったから」「父はこれで殺されるかもしれないし、もう殺されているかもしれないが、自分や家族を守るためにウイグル人の仲間を売ることはできません。父ならわかってくれると思いました」と、当時の苦渋の決断を振り返った。

テロや迫害と無縁と思われる平和国家日本で、日本国籍を取得し、日本人として日本に馴染んで暮らしているとしても、ウイグルの血をもつというだけで、父親の命を盾に中国当局の魔の手が伸びてくるのだと思い知らされた。「自分の家族だけを守って、自分たちだけ安全に生活していくわけにはいかない、と思いました。ウイグル人として自分にできることはしなければ」という。そうして彼は在日ウイグル人同士、また米国や他国のウイグル人と連携し、中国当局のウイグル人弾圧に関する詳細な情報を集め、日本メディア関係者に報道してくれるようにとアプローチし始めた。

私はその後、ウマルの紹介で、東京およびその近郊の大学に通う留学生や都内で働くウイグル人たちにインタビューを続けた。多くが中国国籍のウイグル人たちだ。

留学生に降り掛かる迫害と圧力

ウマルの呼び掛けで2週間後、都内のとある会議室に学生らに集合してもらったところ、8人が参加してくれた。うち1人は関西の地方大学に在籍中で、直接来られないが、それでも自分の境遇を訴えたい、とビデオチャットでの参加だった。彼ら全員、家族の複数が再教育施設に囚われていた。皆、少し怯えたような表情をしてお互いの顔色を窺っていた。比較的近くに暮らしていても、同じ大学にいてもお互いの顔を知らない人もいる。「ウイグル人学生同士でも、あまり付き合わないんです。中国当局と通じているスパイかもしれない、と疑ってしまうから」

私は個人が特定できないよう最大限配慮すると約束し、彼らの写真も撮らなかった。故郷もあえて聞かず、名前も失礼を承知ながら、まったく違う欧米人風の仮名にした。ウイグル人仮名にしてしまうと、偶然同じ名前のウイグル人留学生がいた場合、迷惑が掛かるかもしれないからだ。

彼らが日本を留学先に選んだ理由はおおむね共通している。小さいころからテレビアニメや漫画を通じて日本に憧れをもっていること。日本語は文法がウイグル語に似ていて、ウイグル人にとって比較的学びやすい言語であること。あと、いちばん距離的に近い自由主義社会の先進国であることも関係している。

だが日本に留学するには、相当の資金力が必要だ。一族に裕福なビジネスマンや官僚がいて、なおかつ頭脳優秀な選ばれしエリートが多い。奨学金を受けている人も少なくない。

女子学生が2人参加していたが、ベールもかぶっていないし、体の線の出たジーンズファッションだ。「信仰が特別深いというわけでもないです。家族が再教育施設に収容される前は、漢族の友達もいました。民族なんかこだわらないと思っていました。だから、まさか自分や自分の家族が、当局から要注意人物扱いされるなんて思いもしなかった」と、その女子留学生エリー（仮名）がいった。

こうしたウイグル人留学生たちの誰もが２０１７年春以降、つまり脱過激化条例施行後、日本にいながらにしてさまざまなかたちで迫害、圧力を受け続けていた。

東京近郊の公立大学で経済学を勉強中の男子留学生ジョン（仮名）は、「２０１７年10月から家族と連絡が途絶えた。メールしても返事がない。人づてに父と弟が再教育施設に送られたと聞きました。婚約者の妻の父親も再教育施設に送られて、２０１７年10月に施設内で死亡しました。理由は分かりません」という。

留学先からでは家族が収容所に入れられても、誰にも詳しくは事情を聞けない。監視されている電話やチャットでは〝収容〟という言葉を使うだけで収容所送りの理由になってしまう、と怯えているからだ。家族から「父が入院した」といわれれば、それは病院に入院したのではなく、強制収容されたのだと〝察する〟しかない。

切実な問題としては、一族の長が強制収容されると、学費や生活費の送金などが途絶えてしまうことだ。「勉強を続けたいし、帰国すれば私自身も再教育施設に入れられる。だからバイトを頑張って学費と生活費を稼ぐしかないが、留学生に許された週28時間のバイトではとても足りない。7月のビザ更新のときは、出入国管理局から呼び出されて（バイトが多すぎるので）厳しい質問もされました。ウイグル人が直面している事情を説明しても、なかなか理解してもらえなくて」とジョンは訴えた。

「このなかに私を見張っている人がいる」

地方の大学院で博士号を取得し、今年から東京で就職、幼馴染と結婚もしている32歳のトム（仮名）は「本当は卒業後、日本で得た学位と知識をもって故郷の大学で講師になる予定でした。ですが、母親と岳父《がくふ》が次々と強制収容されました。理由は私が留学したから。私も家族も新疆独立など政治的な興味は皆無で、故郷に貢献したいと思って留学しただけなのに」。彼の懸念はパスポートが2019年夏に切れることだ。在日中国大使館は、ウイグル人のパスポートの再発行手続きは中国本国でやらねばならないという。だが、おそらく帰国したとたん再教育施設行きだ。実際、パスポートが更新できず帰国したあと、消息不明になったウイグル人留学生は1人や2人ではない。

「せっかく就職できてビザももらえる。なのにパスポートが切れたら、どうすればいいのか」。頭を抱えるトムの隣で、妻が涙ぐんでいる。彼女は妊娠していた。「子供が生まれたら、その子のパスポートの発行手続きもしなきゃいけない。それもいまから悩みなんです」

「会社を経営している叔父が収容されました。財産も没収されたそうです。僕は叔父の資金援助で留学しているので、学費や生活費に困ってしまいました。いまは知り合いにお金を借りたり、バイトを増やしたりして頑張っています。叔父は経営者として共産党の人たちともきちんと付き合ってきたのに、なぜ再教育が必要だったのか。僕の留学を支援したせいでしょうか」と、地方の公立大学2年生のジョブはうつむいていた。

奨学金を受けて博士課程に留学中のエリーはいう。「父も兄弟も収容されています。心臓病の母親だけが1人取り残されて、心配でたまらないけれど、それでも私は勉強しにきたんだから勉強しないと、と思って必死に勉強している。本当は、母ともっと連絡を取りたい。でも話すと、誰に盗聴されているかも分からなくて、うっかり何かいえば、母まで収容されるかもしれない。本当に、夜中に叫びだしたくなるほど不安なんです。でも誰にも何もいえなくて。大学に行けば、周りは漢族の学生ばかりで、怖いです。このなかに私を見張っている人がいるかも、と思うと。いま抱えている悩みや不安を大学の先生に相談しても、たぶん分かってもらえないし、変に気を遣われて漢族学生と区別されるのも嫌だし、どうしていいか」。話しているうちに、彫の深い目からぽろぽろ涙がこぼれてきた。

「こんなに自分の気持ち、人にいうことないんです。ウイグル人留学生同士だって、こんな風に自分の境遇を語り合ったりしない。スパイじゃないか、と疑いはじめたら切りがないから。いま、こんなふうにみんなの話を聞いて、同じ苦しみのなかにいるんだと気付いた」と、東京で建築学を勉強中のソフィアはいった。彼女も父親が収容されている。ウイグル伝統建築に関する研究テーマに挑む彼女は、本当はフィールドワークに新疆に戻る必要がある。だが、戻ってきたら再教育施設に入れられる可能性があるので、研究が進まない。「家族のことが心配。自分の研究が進められないのも悔しい。途方に暮れている」という。

「目に見えない」迫害

ビデオチャットで参加した関西の地方大学生のデビッドは、パスポートの更新での経験を話してくれた。彼は２０１７年の脱過激化条例が施行される直前に、中国の領事館にパスポート更新の手続きを申し込んだ。このとき、パスポートは通常どおり更新できた。だが新しいパスポートを受け取ったあと、領事館から電話があって「間違ったパスポートを発行してしまったので返却してほしい」といわれたという。「勉強に専念していたので、新疆ウイグル自治区で何が起きていたかを全然知らなかった。だから、返却しに行くつもりでいた」。

だがパスポートの誤発行などありえない、と思って調べたら、留学生たちの強制帰国が始まっていることを知ったのだった。おそらく北京から地方の領事館への通達がタッチの差で遅れ、デビッドのパスポートを更新してしまったので、領事館側が何とか取り戻そうと、「誤発行」などといって騙してパスポートを取り上げようとしたのだろう。デビッドは本当に運よく強制帰国をぎりぎり免れたのだ。

彼ら、彼女らと引き合わせてくれたウマルはいう。

「家族が強制収容され、1年以上も顔を見ることも言葉を交わすこともできず、安否や居所すら分からない苦しみって、死別よりも苦しいかもしれない。ある意味、シリアの内戦よりも残酷なことだと思います。戦争なら世界中が、そこで悲惨なことが起きているって認識してもらえますよね。でもウイグル人が受けている迫害は、たぶんよその国の人の目からはなかなか分からないのです」

ウイグル人はその苦しみを外に向けて発信しようとしても、中国から脅されていえないし、外国のメディアから見ても、内戦の現場みたいに、ひと目見て「ひどいことが起きている」とはなかなか認識できない。新疆ウイグルに旅行に行った外国人は、たぶん笑顔で観光客に応える幸せそうなウイグル人ばかりだと思うかもしれない。なぜなら彼らは笑って満足そうに振る舞って共産党に感謝してみせないと、再教育施設送りになるからだ。

一見、平穏な新疆ウイグル自治区の街や村で、ウイグル人は厳しい監視下に置かれ、家族がある日忽然《こつぜん》と消えても、収容先で急死しても、何事もなかったかのような幸せなふりで〝日常〟を営まねば、今度は自分が収容されかねない、という恐怖を抱えている。

「人からは見えないそんな苦しみを抱えながら、学費や生活費の心配も抱えながら、それでも必死に勉強を頑張っているウイグル人留学生のことを、少しでも日本の人たちに分かってほしい。もし可能なら、中国大使館からパスポートを更新してもらえないようなウイグル人留学生に対して、何か特別の措置を講じてほしい」

この言葉は広く日本人に知ってほしい。移民法と呼ばれる改正入管法によって安価な労働移民の緩和を急ぐより、宗教的理由・政治的理由で迫害されて故郷に帰ることのできない留学生難民に対する受け入れの緩和のほうが、よほど優先されるべきではないだろうか。日本語が堪能で、志をもって留学にやってきた優秀な学生たちに勉学を全《まっと》うさせて、日本社会に貢献する人材として育て上げることは、間違いなく日本の利益と合致する、ということを私も訴えたい。

親から引き離され中国人化される子供たち

再教育施設への強制収容問題に伴って起きてくるのは、親たちが収容されているウイグル人の子供たちの養育問題だ。

国際人権組織ヒューマン・ライツ・ウォッチのリポートによれば、中国で100万人のウイグル人が〝再教育施設〟に入れられると同時に、その子供たちが親族のもとから強制的に連れ去られ、福祉の名のもとに公営孤児院に入所させられるケースが続出している。中国の法律（修養法）では、こうした孤児院が強制的に子供の養育権を親族から取り上げる権利は認められていない。

だが、新疆ウイグル自治区の書記の陳全国が2016年11月に「すべての孤児を2020年までに公営孤児院に収容するように」と各下級地方政府に指示を出した。この後、2017年1月に政策実施ガイドラインが発表され、各地域に100人規模の児童が収容できる

〝孤児院〟の建設ラッシュが始まった。2017年の新疆地域の孤児院収容率は24％だったが、2020年にはこれを100％に引き上げる、というのだ。

県レベルで収容孤児数の達成ノルマが課され、そのノルマに達しないと公務員たちは政治成績が減点される。このため、祖父母や叔父叔母らきちんと保護者がいる子供を〝孤児〟にして無理やり引き離し、孤児院に収容するケースがあるという。親族は強く抵抗すると自分が再教育施設に入れられる恐れがあるので、抵抗できない。孤児院に連れて行かれた子供はその後、親族とほとんど面会の機会もなく、完全にウイグルの家族と切り離されて教育を受ける。

ウイグル人は一族意識が強く、もともと大家族制だ。本来、両親がいなくても親族が責任をもって子供たちを養育する伝統がある。また、もともと中国における公共の孤児院に対する不信感は強い。実際、孤児院による子供の強制労働や迫害の問題がニュースとして報じられることも少なくない。

中国当局の狙いは、ウイグル人の徹底した中国人化であるから、再教育施設で大人を中国化する一方で、子供たちの統一教育を強化すれば、きわめて短時間でウイグル人全体を中国人化できる、つまりウイグル人の価値観、伝統、文化を完全に消し去ることができる、と考えた。だがヒューマン・ライツ・ウォッチはこれについて法的根拠がなく、しかも中国が批准する国連の「児童権利公約」の序文にもある「家庭とは児童の成長と幸福のための自然環境」という定義に背く、と批判している。

あるウイグル人がヒューマン・ライツ・ウォッチに証言したところによると、親がいても孤児院に収容されるケースもある。父親が〝再教育〟を受けている10歳の児童が、母親と親族と一緒に暮らしていたが、その子供は孤児院に収容された。母親は週に1度、短時間の面会を監視の下で許されている状況という。新疆南部の大家庭の5～15歳の子供は、親のいるなしにかかわらず、孤児院に収容されているという。

親がほとんど言いがかりのようなかたちで〝再教育施設〟に収容され、その行方が分からないだけでも幼い子供にとってショックなはずなのに、今度は馴染んだ家から連れ去られ、隔離されて、祖父母や親戚など頼りになる大人たちとも会えなくなってしまうのだ。これほど残酷な精神虐待があるだろうか。つまり、これは児童福祉の建前を使った子供に対する洗脳教育の強制であり、特定の民族に対する迫害であり、同時にきわめて残酷な組織的な児童虐待といえる。

農場の家畜のように押し込まれる

さらに、こうしたウイグル家族からの子供の隔離政策は〝寄宿学校〟の増設という形でも表れている。孤児院は両親が死亡、あるいは失踪している子供を収容する施設だが、寄宿学校とすれば、両親が健在でも子供を隔離することができる。AP通信（2018年9月21日）によれば、中国で少数民族言語しか話せない子供たちを教育するための強制性のある寄宿学校が1000以上つくられており、子供たちに徹底的に漢人教育を行うという。

AP通信がイスタンブールの亡命ウイグル人に取材した話では、2014年に9歳のわが子を強制的に寄宿学校に入学させられた、という。週末は帰宅が許されていたが、母親が病弱な子供のことを心配して1度、学校に様子を見に行った。すると、その学校は窓に鉄格子がはまり、家族も教室に入ることが許されなかったという。

またRFAが新疆南部の孤児院関係者に取材をしたところ、孤児院は子供が多すぎて、まるで農場の家畜のように柵で仕切られたスペースに押し込まれている、という。孤児院は〝子供の福祉〟という名目で、大量の寄付金・支援金を得てはいるが、子供のためにはほとんど使われていないようで、食事も週に1度肉類があるだけで、ほとんどはおかゆである、などの問題が指摘されている。

もう1点補足すると、ウイグル人の父親が〝再教育施設〟に収容され、若い妻と幼子が家に取り残されていると、漢族男性の公務員や党員が〝お世話係〟と称して家に上がり込み、いつの間にか父親の座に居座ってしまうケースもあるという。

新疆の〝再教育政策〟は、ウイグル人の大人を〝再教育〟の名のもとに強制収容し、ウイグル人の子供たちを福祉の名のもとに隔離し、ウイグル的大家族を分断し、洗脳を行い、ウイグルの宗教、伝統、文化の継承を断ち、ウイグル人を中国人化してウイグル人そのものをこの世から消し去ろうという一種の〝民族浄化〟プロジェクトなのだ。

狙われる知識人・著名人

新疆ウイグル自治区地域のウイグル人を中心とした特定の民族を対象に展開される弾圧は、中国共産党に特段に反抗的な態度をもつわけでも、過激思想をもつわけでもない、平穏に暮らしていた一般市民が圧倒的多数の被害者、犠牲者だが、同時にウイグル著名人たちがまるで見せしめのように処罰されていることにも触れておかなくてはならない。

中国国籍とウイグルの民族性の双方をもって国際的な名声を得ていた彼らは本来、中国が多民族国家をつくり上げた、という成果を強調するうえでは素晴らしい宣伝塔となり、シンボルとなったはずだ。なのになぜ、彼らが迫害されなければならないのか。

それは、中国共産党がめざしている国家ビジョンが口でいっているような多民族国家ではなく、中華民族国家であり、そのために、中華民族意識に染まらないウイグル人らを文化・伝統ごと〝抹殺〟せねばならない、と考えているからではないか。そしてウイグルの知識人、著名人、文化人、成功者を弾圧することは、ウイグル文化の継承者の血を断つという意味で、その目的のために効果的なのだろう。

ＲＦＡの報道をもとに、その詳細を伝えたい。

ウイグル人作家で文学批評家のヤルクン・ローズは、長い年月を掛けて１００冊以上のウイグル文化教科書を編集してきたウイグル人知識分子の典型だ。だが、彼は２０１６年秋から行方知れずとなり、２０１８年に入って突然「国家政権転覆罪」で懲役15年の判決を受けた、と発表されたことをもって、じつは公安当局に逮捕、起訴されていたことが公になったのだった。

彼の息子のカマリトゥルク・ヤルクンは、米ワシントンで開催された中国の強制収容問題の展示会に出席したとき、メディアに対して、父親の逮捕のことは家族にいっさい知らされておらず、判決が発表されたいまなお、父親がどこにいるかも分からない、と話していた。ヤルクンはそれまでは体制内ウイグル人知識人の代表格で、中国共産党にも忠誠を示していたのに、陳全国が書記になって2カ月目に逮捕されたのだった（１４４ページ以降の表参照）。

新疆地域での「両面人狩り」

米国のNPOのウイグル人権プロジェクト（UHRP）の集計によれば、2016年～2018年の著名ウイグル人の身柄拘束者、逮捕者、受刑者、行方不明者を整理すると、338人に上るという。習近平政権になってから中国全体で知識人弾圧が展開されているが、それでもウイグル人に集中しすぎている。

たとえば新疆大学だけでも、同大学学長のタシポラット・ティップ（2017年3月拘束、執行猶予付き死刑判決）を筆頭に17人。タシポラットは日本の東京理科大学で博士号を取得し、中国教育部からの教育賞受賞歴もある体制内ウイグル知識人の輝ける星であったはずだ。新疆師範大学、新疆医科大学、カシュガル大学などの大学関係者、社会科学院などの共産党系研究機関に所属している教授、博士、研究員、ウイグル教科書編纂関係者など学術、教育関係者だけでも50人近くいる。

ジャーナリスト、作家、詩人、出版業界では39人。スポーツ・芸能界で11人。経済界で10

ウイグル人拘束者リスト(2017～2018)①

氏名	所属	性別	年齢	その他
	・ウイグル自治区文学連合会会長			
アブドゥカディリ・ジャラリディン	新疆師範大学教授	男	54	2018年1月29日拘束。妻で、同大学教員のジェミレさん(博士)も拘束中
アブドベスリ・シュクリ	新疆師範大学文学院教授	男	54	2018年1月29日拘束
アバベキリ・アブドレシット	新疆師範大学教授、博士	男		
メメット・トルディ	新疆師範大学教授	男	53	
ユヌス・エベイドラ	新疆師範大学教授	男		
ヌリエリ	新疆師範大学教員、博士	男		
ヌルムハッマット・ウチクン	新疆師範大学教員、博士	男		
新疆医科大学				
ハリムラット・グプル	新疆医科大学元学長、教授、博士	男	58	死刑(執行猶予2年)
アニワル・トフティ	新疆医科大学ウイグル民族医学部教員	男		「衛生保健誌」の編集者
パルハット・ベヒティ	新疆医科大学第一附属病院副院長	男	58	
アッバス・エセット	新疆医科大学第一附属病院歯科医、博士	男		
アリム・ペッタル	新疆医科大学教員、博士	男		
カシュガル大学				
エルキン・オマル	カシュガル大学学長	男		
ムフタル・アブドゴプル	カシュガル大学副学長	男		
アブラジャン・アブドワキ	カシュガル大学数学部部長	男		2017年11月拘束
グリナル・オブル	カシュガル大学教授	女		
メットレヒム・ハジ	カシュガル大学教授	男		
ムフタル・アブドレヒム	カシュガル大学教員	男		
クルバン・オスマン	カシュガル大学教授	男		
エルキン・オグズ	カシュガル大学教授	男		
エニワル・イスマイル	カシュガル大学言語	男		

中国の国内外メディアで公表された著名

氏名	所属	性別	年齢	その他
		新疆大学		
タシポラット・ティップ	新疆大学学長、教授、博士	男	60	死刑(執行猶予2年)／日本で博士号取得。2017年3月拘束
デリムラット・ゴプル	新疆大学副学長、教授	男	55	日本留学経験あり。2017年3月拘束。／2人の妹、妹の娘(新疆医科大学2年生)も拘束
アリスラン・アブドラ	新疆大学人文学部部長、教授	男	72	
アブドケリム・ラヒマン	新疆大学人文学部教授	男	77	
ガイレットジャン・オスマン	新疆大学人文学部教授	男	60	
ラヒレ・ダウット	新疆大学人文学部教授、博士	女	52	北京で拘束
ズリピカル・バラット・オズバシ	新疆大学人文学部研究員、博士	男		ハワイ大学で博士号取得
アリム・エヘット	新疆大学情報科学・エンジニア学院教員	男	45	Uyghursoft会社設立者
アブドサラム・アブリミット	新疆大学情報科学・エンジニア学院教員	男		
バトル・エイサ	新疆大学情報科学・エンジニア学院教員	男		
デリムラット・トルソン	新疆大学情報科学・エンジニア学院教員	男		
エルキン・バトル	新疆大学情報科学・エンジニア学院教員	男		
エリキン・イミルバキ	新疆大学情報科学・エンジニア学院教員	男		
ネビジャン・ヘビブラ	新疆大学情報科学・エンジニア学院教員	男		
ヌリビヤ・ヤディカル	新疆大学情報科学・エンジニア学院教員	女		
レヒム・レヒムトラ	新疆大学情報科学・エンジニア学院教員	男		
アスヤ・ムハンマド・サリヒ	新疆大学中国語学院教員	女		強制収容所で死亡した著名イスラム学者ムハンマド・サリヒ師の娘
		新疆師範大学		
アザット・ソルタン	新疆師範大学元学長	男	68	

ウイグル人拘束者リスト(2017～2018)②

氏名	所属	性別	年齢	その他
タリミ	版社編集者			学で博士取得)
クルバン・マムット	教育庁発行の月刊誌「新疆文化」の元編集長	男	70	
ワヒティジャン・オスマン	ウイグル自治区教育出版社編集長、詩人	男	55	長年にわたり、小・中・高校の文学教科書の作成を主導。教科書作りの名人として知られる人物。著名ジャーナリスト
ヤリクン・ロズ	ウイグル自治区教育出版社編集者、著名評論家	男	52	無期懲役
アイシャム・ペイズラ	ウイグル自治区教育出版社編集者	女		
エキベル・スラジディン	ウイグル自治区教育出版社編集者	男		
エルキン・ムハマット	ウイグル自治区教育出版社編集者	男		
マヒベデル・マヒムット	ウイグル自治区教育出版社編集者	女		
カビルジャン・サディク	ウイグル自治区教育出版社編集者	男		
カデル・アリスラン	ウイグル自治区教育出版社編集者	男		
タヒル・ナスリ	ウイグル自治区教育出版社編集者	男		
アブレヒム・アブドラ	ウイグル自治区音響出版社編集、詩人	男		
アブリズ・オマル	カシュガルウイグル出版社元編集長	男		2017年に拘束
オスマン・ズヌン	カシュガルウイグル出版社元編集長	男		2018年初めに拘束
アブラジャン・セイット	カシュガルウイグル出版社副編集長	男		2018年10月15日に拘束
チメングリ・アウット	カシュガルウイグル出版社編集者、詩人	女	45	2018年7月に拘束。／「新疆の最優先女性文学者10人」の1人に選ばれ、表彰。／少数民族文学作品に贈られる最も権威ある国家級文学賞「駿馬

中国の国内外メディアで公表された著名

氏名	所属	性別	年齢	その他
	学部準教授			
エンワル・カディル	カシュガル大学言語学部準教授	男		
ウイグル自治区教育庁、社会科学院、その他の研究機関				
サッタル・サウット	ウイグル自治区教育庁長官(庁長)	男	70	死刑(執行猶予2年)
アリムジャン・メメットイミン	ウイグル自治区政府秘書長／ウイグル自治区教育庁元副長官／新疆日報社元社長	男	59	
アブドゥラザク・サイム	ウイグル自治区社会科学院副院長／ウイグル自治区教育出版社元社長	男	61	「分離主義者」として実刑にされたことが判明
ガイレット・アブドラフマン	ウイグル自治区社会科学院言語研究所副所長／中央民族大学出身の言語研究者、著名翻訳家	男	52	ノーベル文学賞を受賞した中国人作家莫言氏の小説「食草家族」をウイグル語に翻訳したことが罪に問われ、2018年3月に拘束
クレシ・タヒル	ウイグル自治区社会科学院、研究者	男		
ナヒルジャン・トリグン	ウイグル自治区言語文字委員会、研究者	男		
タヒル・ヒミット	ウイグル自治区言語文字委員会、研究者	男		
ワリ・バタット	ウイグル自治区経済・情報化委員会会長	男	56	西北民族大学政治学部卒。ウイグル自治区党校(高級幹部を育成する機関)副校長、新疆師範大学学長、新疆大学学長等を歴任
出版業界、ジャーナリスト				
アブドラヒマン・エベイ	ウイグル自治区人民出版社元社長／ウイグル自治区政協歴史資料部主任	男	65	
エズズ・トリディ	ウイグル自治区人民出版社ウイグル文学作品部部長	男		
アヒメットジャン・モミン・	ウイグル自治区人民出	男		歴史学博士(南京大

ウイグル人拘束者リスト(2017~2018)③

氏名	所属	性別	年齢	その他
トニヤズ・オスマン	作家	男		
エヘット・アマン	ウイグル有数の名門高校「アクス地区第一中学校・高等学校」元校長、作家、詩人	男	74	2018/02拘束
エズズ・イサ	著名オンライン作家	男	55	2016/01拘束、アクス市イゲルチ中学教員
オメルジャン・ヘセン・ボズキル	著名オンライン作家、テレビ番組の脚本家	男	52	2016/3拘束、アクス地区農業局職員
トゥルスンジャン・メメット	人気サイトmisranim.comの管理者	男		サイトも閉鎖
アクバル・エセッド	人気サイトbagdax.cnの創設者	男		サイトも閉鎖
アデル・リシット	人気サイトbozqir.netの創設者/ウイグル自治区教育庁職員	男		サイトも閉鎖
スポーツ・芸能界				
エリパン・ヘズムジャン	人気のサッカー選手	男	19	
ムフタル・ボグラ	ウイグル自治区テレビ局 監督・詩人、国家一級監督	男		
ズリピカル・クレシ	ウイグル自治区テレビ局 アナウンサー、歌手	男		
メヒムットジャン・スディク	ウイグル自治区テレビ局、監督	男		
エヒメットジャン・メティロズ	ウイグル自治区テレビ局、技術者	男		
エルキン・トルソン	イリ・カザフ自治州テレビ局 監督・編集者	男	50	刑務所・7年刑、2018年3月に拘束され、直後に実刑判決。/ヌルタイ・ハジ、アブリミティ・オシュル・ハジ、ゴプル・ハジの3名と共に「イリの4宝」の一人として知られる
ケユム・ムハマド	新疆芸術大学教授、監督、人気司会者	男		妻で、ウルムチ市ラジオ局記者のアイヌルさんも拘束中
アブドゥレヒム・ヘイット	著名な民謡歌手	男	56	
アブラジャン・アユップ	著名なポップス歌手	男	34	
エズレティエリ・メメテリ	人気歌手	男		
メメットジャン・アブドカ	有名歌手、俳優	男		

中国の国内外メディアで公表された著名

氏名	所属	性別	年齢	その他
				賞」をはじめとする多数の文学賞を受賞
タヒル・タリプ	カシュガル日報編集長、著名詩人	男		息子のイリハム・タヒル氏（学校教員）、クレシ・タヒル氏（社会科学院研究者）も拘束
イリハム・ワリ	新疆日報社副社長、ウイグル部編集長	男	55	2018年7月に拘束
ミリカミル・アブリミット	新疆日報社ウイグル編集部、副部長、編集長	男	50	2018年8月に拘束
ジュレット・ハジ	新疆日報社、記者	男	53	2018年8月に拘束
メミテミン・アブリミット	新疆日報社、記者	男	52	2018年8月に拘束
作家・詩人				
アブリキム・ハサン	ウイグル自治区青少年出版社副編集長／著名な児童文学作家、詩人	男	47	
ヤセンジャン・サディク・ジュグラン	著名作家	男		ウイグル近代史を題材にした歴史小説家の第一人者
ハジ・ミリザヒド・ケリミ	著名作家／カシュガルウイグル出版社の元編集者	男	80	2017年に拘束され、間もなく懲役11年。ウイグル人の輝かしき歴史人物らを題材にした多数の著作を持つ
アディル・トニヤズ	ウイグル自治区ラジオ局編集者、著名詩人／強制収容所で死亡した著名イスラム学者ムハンマド・サリヒ師の娘（ネズレさん）の夫	男		2017年12月、ムハンマド・サリヒ師と同時期に拘束。／妻のネズレさん（数少ない女性作家の一人）も拘束息子4人（4歳～19歳）も拘束。4歳のほうは孤児院に送られた
アッバス・ムニヤズ	ウイグル自治区文連作家	男		
パルハット・トルソン	ウルムチ市文芸館研究者・博士、作家	男		刑務所、10年刑
アブリズ・カリハジ・アルカン	作家	男		
アイシャム・エヒメット	作家	女		
グリバハル・ニヤズ	作家	女		

ウイグル人拘束者リスト(2017~2018)④

氏名	所属	性別	年齢	その他
				名資産家数人が一斉に拘束
オブルカスム・ハージ	カシュガルKasirホテルのオーナー、著名資産家	男	67	
メメット・トルソン・ハジム	カシュガルEziz Diyar貿易市場のオーナー、著名資産家	男		
ゲニ・ハジ	カシュガルEmin貿易市場のオーナー、著名資産家	男		
その他				
アブレット・アブドレシティ・ベルキ	新疆教育学院大学教員、博士	男		
トルスンジャン・ベヒティ	新疆教育学院大学教員、博士	男		
ニジャット・ソピ	イリ師範大学教授、博士	男		
カミル・レヒム	ウルムチ市職業専門大学、教育学部部長・教授	男		ウイグル自治区中学・高校教科書編成メンバー
ラズグリ・アブドレヒム	日本で修士号取得	女		2017年12月帰国時北京空港で拘束(行方不明)
グリギナ・タシメメット	マレーシア工科大学の博士課程学生	女		2017年12月親族訪問で帰国したまま消息不明
サジデ・トルソン	ドイツで留学、社会学博士	女		

※あくまでも強制収容されている代表的な知名人115名を抜粋したリストであり、氷山の一角に過ぎない。
出所:UHRPの資料をもとに協力者が作成

中国の国内外メディアで公表された著名

氏名	所属	性別	年齢	その他
デル				
経済界				
ヌルタイ・ハジ	著名資産家、慈善家、学校経営者	男	64	「イリの4宝」の一人
アブリミティ・オシュル・ハジ	イリ・ハリス基金協会の創設者、資産家	男	65	「イリの4宝」の一人 イリ・ハリス基金は、学生への奨学金提供や海外へ留学生を送る活動で知られるウイグル有数の民間教育支援基金である
ゴプル・ハジ	慈善家、著名資産家	男		「イリの4宝」の一人
サデクジャン・ハジ	著名資産家、慈善家、学校経営者	男		2018年9月30日に拘束。息子やビジネスパートナー7名も拘束。／同僚の慈善家サキハジ氏と共同で経営していた「サデクジャン・サキハジ小学校」の生徒たちが、2004年に中国全国少年サッカー試合で優勝
アブドレシット・オシュル・ハジ	ウルムチ市内にあるウイグル有数の有名ウイグル料理店「MIRAJ/ミラジレストラン」（投資額300万ドル）の経営者	男	63	内装が濃厚なウイグル文化を強調しデザインされていることが問題視され、MIRAJレストランも強制的に閉鎖。共同経営者のアブドワリ・ハジ氏を含む関係複数人も拘束
ケンジ・ロズ	ウルムチ・パルラクホテル経営者／ウルムチ・パルラクカーペット会社・工場経営者	男	55	
アブドジェリル・ハジ	カシュガル地区貿易協会会長／慈善家、著名資産家	男		2017年5月に「二つの顔を持つ危険分子」とされ拘束。懲役18年。／国際物流会社を経営し、中央アジア諸国とのビジネスに成功した著名資産家。同時期に、カシュガルの著

人。彼らの多くは、これまでは共産党とうまく付き合ってきた人物だ。だが、こうした体制内ウイグル知識人は陳全国がやってきてから「両面人」（共産党内にいて、じつは反共的思想をもつ人間）として集中的に糾弾されるようになった。この「両面人狩り」は、監視システムや社会信用システムおよび密告制度が浸透にするにつれ、漢族社会のあいだでも起きているが、新疆地域の状況は群を抜いている。

はっきりいって、党内に密やかに不満をもっていたり、政権に批判的であったりする人間など掃いて捨てるほどいる。すべてを称賛し、すべてを肯定する人間などいないのが普通なのだ。しかも、どんなに厳しい社会でも心の中の自由は与えられるべきだろう。だが監視カメラや盗聴システムを駆使した監視社会が構築されていくと、ちょっとした本心の吐露が「両面人」の決定的証拠となってしまう。その排除の徹底が、監視システムが最も高度化した新疆地域から始まっている、といえる。

ヤルクン・ローズやタシポラット・ティップ、自治区教育長庁のサッタル・サウットは、この「両面人狩り」の典型的な犠牲者だ。サッタルもウイグル語教科書を編集し、自治区内で使用したことが「重大な規律違反」に問われ、執行猶予付き2年の死刑判決を受けた。

ウイグル語教科書については「文学、歴史、道徳分野には、民族分離を煽《あお》る内容が含まれており、それを12年間も現場で使ったため、大勢の若者が深刻な洗脳を受けた」と糾弾されている。民族の言葉と誇りを子供たちに教えただけで、死刑（執行猶予付き）など、本当に21世紀の国家がすることだろうか。

資産の没収が目的か

ウイグル学生のための奨学金支援を行ってきたイリ・ハリス基金の創始者のアブリミティ・オシュル・ハジや貧しい子供たちのための寄宿学校「ヌルタイ・ハジ学校」を建設したヌルタイ・ハジをはじめイリの4宝と呼ばれる慈善家、経営者4人らも逮捕されたのも、やはり彼らが教育に携わっていたからだろうか。彼らはメッカに巡礼に行ったことなどが「承認されていない巡礼に行った」「過激化の兆候あり」と見られて逮捕された。

だが同時に、本当は資産の没収が目的ではないかともいわれている。実際新疆地域で、銀行に100万元以上の預貯金がある資産家、経営者が集中的に拘束され、その資産がすべて当局によって差し押さえられ、持ち去られているのを見れば、そういう疑いをもたれてもしかたない。

著名な民族音楽家のアブドゥレヒム・ヘイットは、一時収容先での死亡説が流れたことで、彼のファンの多いトルコのエルドアン大統領は中国のウイグルの強制収容政策について「人類の恥」と激しい言葉で批判し、中国とトルコの関係を険悪化したことでも知られるだろう。「ウイグルのジャスティン・ビーバー」と呼ばれるポップ歌手のアブラジャン・アユップは漢族のファンも多かったはずだが、2018年2月に上海でコンサートを行った直後に拘束された。2017年のマレーシアアツアーで民族と故郷への愛をテーマにした曲を歌ったことが原因だ、と囁かれた。

新疆ウイグル自治区における「文化大革命」

こうした当局のウイグルの知識人・文化人・著名人狩りについて、UHRPのコーディネーター、ズバイラ・シャンセゲンは「人の身体の自由を奪う身柄拘束の問題だけでなく、彼らのもつ知識を破壊し、ウイグル人が先祖から受け継ぎ、後世に伝えるべき文化的財産を破壊することです。ウイグル文化とアイデンティティの根絶を意味し、民族そのものを抹殺することと完全に同じなのです」と糾弾する。

この名簿整理プロジェクトには、亡命ウイグル人知識人も参加している。米ヴァージニア州に暮らすウイグル人詩人で映画プロデューサーのタヒール・ハメットはその一人だ。タヒールはRFAに対してこう語っている。「2017年に政府から無料健康診断を受けろと強制されて、生体情報を取られていた。私が家族とともに中国を脱出できたのは幸運としかいいようがない」。ハメットによれば、ウイグル人庶民に対する弾圧と、ウイグル人知識人・著名人に対する弾圧の大きな違いは、知識人・著名人には「国家分裂罪」や「民族仇恨煽動罪」といった大仰な罪を被せられることだろう、と指摘している。

2014年、張春賢がまだ新疆ウイグル自治区の書記であったころ、すでに大規模なウイグル語出版物、新聞、教材、音楽の排斥が開始されていた。振り返れば、これがウイグル文化に対する宣戦布告の前触れであった、という。

こう考えると、新疆ウイグル自治区で起きていることは、まぎれもなく「文化大革命」であるといえるだろう。新疆版文化大革命、あるいはウイグル版文化大革命だ。このまま中国共産党のウイグル政策を放置しておけば、おそらく10年もたたないうちに、ウイグル語とウイグル文化、音楽や文学や詩や絵画、民族固有の伝統美や習俗がことごとく失われるだろう。ウイグルの子供たちは自分の本来のアイデンティティを失い、紅衛兵のようにみずから自分たちの伝統文化を否定し、両親の〝危険な思想〟を共産党に密告するようになるかもしれない。

「社会治安は明らかに好転した」

国際社会がこうした中国の新疆政策や再教育施設に対する批判を強めていることに対して、中国は2019年3月18日に「新疆の反テロ、過激化除去闘争と人権保障」白書という1・5万字に及ぶリポートを発表し、自らの政策の成果を喧伝した。

この白書の前文では「新疆は中国の不可分の領土の一部であり、この地で、テロリズムや過激主義（極端主義）による暴力テロや宗教の過激行為が人権をひどく踏みにじってきたので、法に基づき厳格にテロリズムと過激主義を打撃し、予防性反テロを第一とし、反テロ、脱過激化の割り出しの有益な経験をもって、積極的に反テロの国際交流に協力していく」ことを打ち出している。

さらに白書では、新疆地域の民族が分裂勢力、宗教過激化勢力、暴力テロの「3つの勢力」により分断され、テロ襲撃事件が頻繁に発生していたと指摘。1990年から2016年末までに、「3つの勢力」が新疆で起こした数千の暴力テロ事件によって、各民族の生命・財産・安全が大きな損害を被り、人類の尊厳が深刻に踏みにじられてきた、とした。

また「テロリズム、過激化主義の現実的脅威に直面し、新疆は果断な措置をとった。法に基づき、反テロ主義と脱過激化闘争を展開し、テロ活動の頻発を効果的に抑制し、各人民大衆の生存権、発展権などの基本的権利を最大限に保障したのである」と強調。

「目下新疆では連続2年、暴力テロ事件は発生していない。過激主義の浸透は効果的に抑制され、社会治安は明らかに好転した」と自慢した。

そして「今日、世界はテロリズムと過激主義の脅威に対して厳しい挑戦に直面している。いかなる国家も他人事にはできず、独善的にふるまえない。世界各国はさらに一歩、人類運命共同体意識をもち、ダブルスタンダードを捨て、政治の相互信頼を増進して、戦略的な共通認識を凝縮して協力交流を促進すれば、テロリズム、過激主義を効果的に抑制でき、世界の平和と安定を維持できるのだ」と訴えた。

「習近平同志を核心とした中国共産党中央の強固な指導のもと、全国人民が力を合わせ、新疆各民族の人民がともに奮闘し、反テロリズムと脱過激化闘争は重要な段階的成果を得た」と、この功績を習近平によるものだとした。「しかし、その形勢は依然厳しく複雑だ」として、今後も反テロと脱過激化闘争に力を入れて「法に基づく反テロ、人権保障、経済発展、民生改善、団結と調和の建設努力、富裕繁栄、文明進歩、安居楽業の中国の特色ある社会主義新疆」を打ち立てることを宣言している。

ちなみに白書では2014年以降、新疆で摘発されたテログループは1588、逮捕したテロリストメンバーは1万2995人、押収した爆発装置は2052件、摘発した違法宗教活動は4858件で、関係者は3万645人。押収した違法宗教宣伝品は34万5229件となっている。

「罪行が軽微で損害が大きくなく、罪を悔いて認める者、および未成年者や、騙されたり脅迫によって参与したものは法に基づき軽い処罰にする」「自首をしたり、協力したものは法に基づき軽い処罰、あるいは減刑に処す」など、密告や内部告発を奨励している。

中国版パノプティコンの初期段階

だが、この中国が自慢げに語る反テロ・脱過激化闘争の成果を素直に納得し、称賛できる人間は民主主義の自由主義社会には存在しまい。もし本当にこの2年間、新疆で暴力テロ事件が起きていないというならば、その理由は新疆全体が監獄だからだ。監獄のなかで犯罪は起きない。この世で最も治安が良い世界は監視のいきとどいた監獄中であることは間違いない。

だが普通の監獄ならば、刑期を終えればいつか外に出られる。〝新疆監獄〟はウイグル人が死滅するまで出られない。

私はこうした新疆の状況に、ふとパノプティコンという言葉を思い出す。イギリスの哲学者ジェレミ・ベンサムが設計した全展望監視の監獄のことだ。ベンサムは「最大多数の最大幸福」を唱える功利主義者で、「犯罪者を常に監視下に置き、生産的労働習慣を身につけさせて、社会を不幸にする犯罪者に自力更生力をつけさせる教育・改造するシステム」としての監獄としてパノプティコンを設計した。これは当時のイギリスの監獄が非人道的な環境であったので、犯罪者の更生と幸福の底上げが社会全体の幸福につながるという思想から生まれている。

真ん中の監視塔を囲むように円形に収容個室が配置され、少数の看守がすべての収容房を見渡せるような構造になっている。囚人同士はお互いが見えず、また看守の姿も見えないようにしている。囚人には職業の自由が与えられ、労働を通して更正の機会を得た。

ポイントは、少ない看守で大勢の収容者を監視できる効率性。建物の構造上、監獄に外側から光が入ることで、監視塔の監視員の姿は逆光で見えない。監視されていることは意識されつつ、実際には見えないことで自然と規律化された従順な行動を取るようになるので、監視監督しやすくなる。運営の経済性と囚人の福祉を備えた理想の監獄、ということになる。

このパノプティコンは、20世紀のフランスの哲学者ミシェル・フーコーが『監獄の誕生―監視と処罰』（田村俶訳、新潮社）のなかで紹介し、管理統制社会の比喩に使われた。

見えないが確実に存在する権力の監視によって、人は規律化され従順になる。権力者は少ないエネルギーで大勢の人間を監視監督しやすくなり、身体的に拘束しなくても精神的に拘束することで、彼らを従順にすることができる。

新疆ウイグル自治区はまさにそのパノプティコンのようだと感じたのだが、どうだろう。パノプティコンは建築構造によって、少数権力者による多数の囚人の監視と、その規律化・従順化の手法を得たが、いまの中国共産党はＩＴ技術やＡＩ技術、ビッグデータなどを駆使してその監視システムを実現した。

いまは中国版パノプティコンシステムの初期段階であり、国際社会からはっきり見える暴力的な手法も使っているので非難・批判しやすいが、そのうちこのシステムがしっかり軌道に乗れば、国際社会から見えるような暴力的手法は必要なくなり、ウイグル人ら被監視者は自ら権力の望むように、規範的で従順に行動するように〝調教〟されていくだろう。それは身体の拘束よりももっと残酷で苦しい精神の拘束なのだが、外から見れば彼らは平和と自由を享受しているように見えるのだ。

「家畜の安寧」に抵抗する

こういう監獄社会で得た安寧と繁栄のなかで、人々は本当に幸せになれるのだろうか。家畜の安寧か、飢狼の自由か。日本の某アニメに、たしかそういう2者の選択を若者に問い掛けるテーマのものがあった。

中国は新疆ウイグル自治区という監視社会モデルをつくり上げ、自らの価値観や秩序をこれから世界に問おうとしているのかもしれない。中国が掲げる反テロ政策を国際社会が認め評価するとしたら、それはおそらく、西側の開かれた自由社会がいままで信じていた価値観と秩序を捨て、新たな中華秩序・価値観を受け入れるという選択を取るということにつながっていくだろう。

私はこれに抵抗する。家畜の安寧より、飢狼の自由派だ。そして新疆のウイグル人の中にも、いまは耐え忍ぶだけであっても、いつか精神の拘束から脱して自らの民族のアイデンティティを取り戻したい、と思っている人たちがきっといるだろう。そういう人たちには声援を送り続けたい。

彼らはテロリストでも過激派でもない。彼らは21世紀最大の民族迫害、そして精神迫害に苦しむ受難者だ。そこから脱して自由を求めようとすることは、人として当然のことなのだ。新疆の状況を見過ごすこと、あるいは反テロリズムの成果として肯定することは、たぶん私たちの明日の世界がどう変わるか、私たち自身の精神の自由が守れるかということにもつながってくる。この問題を軽く見てはならないと思う。

第二章

民族迫害の起源

ウイグルの起源

ウイグル人の悲願は「東トルキスタン」を取り戻すことだ、といわれている。かつて東トルキスタンという国がいまの新疆地域に登場しては消え、最終的に中国共産党に飲み込まれた過程というのは複雑すぎて、素人でもすっと分かるような読みやすい参考書本というのはあまりない。

東アジア史家の宮脇淳子氏におすすめの本を尋ねたところ、いくつか教えてもらったのだが、古本屋でみるとわずか20年前に定価3000〜4000円ほどの本が何万円もしていた。仕方がないので、そのうちいちばん安かった『アジアの歴史と文化〈8〉中央アジア史』（竺沙雅章監修、間野英二編集、同朋舎）を買ったのだ。つまり、これから紹介することは、この本や月刊誌『別冊正論Ｅｘｔｒａ15』（産経新聞社、2011年6月22日発行）などの宮脇淳子論文、日本ウイグル連盟やウイグル人権プログラムのホームページの解説、中国語版ウィキペディアからの受け売りであることをお断りしておく。

ウイグル人とは、4世紀から13世紀にかけて中央ユーラシアにかけて活動したチュルク系遊牧民族およびその国家、その末裔の人々で、今は新疆ウイグル自治区やカザフスタン、ウズベキスタン、キルギスなどの中央アジアに居住している。ウイグルとはチュルク語で「同盟・協力」の意味で、現代のウイグル人の祖先にあたる人たちは自分たちのことをチュルクと呼び、その中核の集団をウイグルと呼んだそうだ。

チュルクというのは漢字で書けば「突厥」、いまのトルコの起源にも通じる。トルキスタンというのは「チュルクの土地」といった意味で、チュルク語系民族が居住する中央アジアからタリム盆地、ジュンガル盆地、トルファン盆地あたりの地域の総称。パミール以西を西トルキスタン、その東を東トルキスタンと通称する。現代の国名でいえばカザフスタン、キルギス、ウズベキスタン、トルクメニスタン、タジキスタンが西トルキスタンにあたり、中国新疆ウイグル自治区が東トルキスタンにあたる。今、独立国家になっていないのは新疆ウイグル自治区だけ。つまり東トルキスタンだけ、ということになる。

パミール以東の中央アジアの政治的独立は喪失された

ウイグルは、7世紀半ばから8世紀半ばに、いまのモンゴル高原からジュンガルあたりに遊牧国家を築き、8世紀半ば唐の冊封体制にはいり、東突厥を滅ぼしてモンゴル高原の覇者となった。そのウイグル国が瓦解すると諸部族は分散し、天山ウイグルや甘州ウイグルなどの王国を築く。天山ウイグルはトルファンなどのオアシス都市を手に入れ、住民の構成と主要言語をチュルク化していく。

一方、起源は諸説あり、よく分からないが、11世紀ごろ天山ウイグルからカラ・ハン王朝が分離し、チュルク系民族として初めてイスラム文化を受容、カシュガルを中心にタリム盆地西半分にチュルク系イスラム文化を広げた。この時期のこの地域に築かれた豊かでシステマチックなウイグル文化が20世紀初頭にこの地域のエスニックグループの代表的な名称として採用され、現代のウイグル人および新疆ウイグル自治区などの名称につながっている。

天山ウイグル国は12世紀に勃興するカラ・キタイ（西遼）に帰属するも、チンギス・ハーンの呼び掛けに応じてカラ・キタイの駐在代官を殺害し、モンゴル側に帰属するようになる。チュルク・ウイグル文字文化が成熟していた天山ウイグル国との関係が、モンゴル帝国の形成に大きく貢献した。

カラ・ハン朝は11世紀半ばに東西に分裂し、西カラ・ハンはサマルカンドを首都にし、アッバース朝のカリフを承認。東カラ・ハンはカラ・キタイに帰属するもカラ・キタイの王位簒奪者ナイマン部のクチュルクに滅ぼされる。だが、この地域のチュルク系言語を操る文化度の高いウイグル人たちは、そのままモンゴル帝国内で頭脳として活用されていった。その意味では、ウイグル社会・文化の伝統を維持したのはモンゴル帝国の体制だった。

モンゴル帝国解体後、東チャガタイ・ハン、モグーリスタン、ヤルカンド・ハンなどモンゴル系王朝がタリム盆地あたりを支配するが、モンゴル支配層はウイグル語やイスラム教を受容し、諸都市はイスラム宗教貴族ホージャ（ホシャ、ホジャ）が統治していた。その後、モンゴル系のジュンガルがこの地域に支配を拡大。ジュンガル帝国3代目のガルダン・ハンはタリム盆地からモンゴル高原西部に至る大帝国を築き、清朝と対決することになる。

康熙帝、雍正帝、乾隆帝と3代にわたる戦争期をへて、清朝はジュンガル帝国を滅ぼし、続いてヤルカンド・ハンを滅ぼして、東トルキスタンにあたるジュンガル・タリム盆地は清朝のものになった。乾隆帝はこの新しい征服地を新疆（新たな領土）と命名。ここにおいて、パミール以東の中央アジアの政治的独立は喪失された。

「新疆」の誕生とイスラム化の波

「新疆」の命名は、盛唐ですら新たな領土の獲得は実現しなかった「非常之功」という乾隆帝の自負が込められているが、これは東トルキスタン地域を漢時代以来中国固有の領土とするいまの中国共産党の見解と、当時の征服者自身の乾隆帝の見解が違っていたということでもある。

清朝は、新疆を維持するためにかなりの出費を負った。国家財政7000万両時代に毎年300万両を新疆地域に送ったという。一方で統治システムはジュンガル式支配を踏襲した。民政は現地のムスリム有力者に委ね、オアシス諸都市に小規模軍隊を駐屯させた。新疆統治の最高責任者は「イリ将軍」であり、宗室（皇族）を含む満洲人有力者のみがその任に当たれた。

清朝の支配下で、新疆にはある程度の繁栄と安定がもたらされた。各都市の行政長官にあたる「ハーキム・ベグ」に任ぜられたムスリム貴族は小宮廷をつくり、清朝の軍政官から掣《せい》肘《ちゅう》を受けつつ、支配下民衆に対しては君主として振る舞い、イスラム法（シャリーア）が施行されるイスラム社会を維持した。清朝のこうしたムスリム有力者たちに対する優遇は、少数の満州人が大多数の漢人を統治するためにムスリムの民族を味方につけておくためだ、という説もある。

だが19世紀に入り、国際情勢が著しく変化し、清朝がその変化に対応しきれず、また内政の腐敗によって財政が悪化してくると、新疆の安定は揺らぎ始めた。そこに清朝のジュンガル征服のプロセスで討伐を受けたカシュガル・ホージャの末裔が、失地回復の聖戦をしかけてきた。

カシュガル・ホージャとは、パミールの西方から巡錫《じゅんしゃく》してきたイスラム神秘主義（スーフィズム）の一派、ナクシュバンディー教団を中央アジア最大に発展させた指導者ホージャ・アフラールの衣鉢《いはつ》を継いだアフマド・カーサーニーの子孫たちの総称。彼らは、清朝に追われて現ウズベキスタン・フェルガナ州当たりに位置するチュルク系イスラム王朝コーカンド・ハン（西トルキスタン）に亡命したのちも新疆内の帰依者と内通しており、失地回復を企んでいた。

清朝の国力が衰退してきたちょうどそのころ、このスーフィズムの宗教革新運動といえるイスラム伝播の第3波が起きていた。その波に乗るかたちでホージャたちは1814年以降、ジハードと称して小規模な侵入を繰り返した。コーカンドはホージャたちを監督するという名目で清朝から贈与を受けてもいた一方で、ホージャたちの聖戦を後援していた。

一方、清朝はアヘン戦争を経てますます疲弊、中央から新疆への送金は完全に絶え、困窮した軍政官は人頭税やコーカンド商人に対する臨時課税などを搾取し出すのだが、これに反対する蜂起が散発していた。他方、内地では甘粛《かんしゅく》あたりから移住していた回民（ムスリム）が漢人と宗教的、経済的対立を先鋭化させ、回民の民間武装組織による反乱が頻発していた。

清朝は、漢人の民間武装組織を利用して回民の反乱を押さえようとした。だが、漢人は「洗回」と呼ばれる非武装の一般回民への虐殺を行ったため、回民の反乱は急速に拡大。この噂が新疆に伝わり、しかも「洗回」は清朝の命令によるものだと信じられたため、１８６４年、回民とチュルク系ムスリム（ウイグル人）が連合して蜂起。この反乱は急速に新疆全土に広がった。各地の反乱指導者たちはイリをのぞいてすべてスーフィーだった。

カシュガルの反乱軍から応援を請われたコーカンド・ハンによって派遣された軍人ヤクブ・ベクは、ロシア軍によるタシケント占領によって東トルキスタン地域に流れてきたコーカンド武装勢力を吸収し、瞬《また》く間に東トルキスタン全域を支配下に置き、カシュガル・ハン国を建てた。これにより、東トルキスタン地域には再びチュルク系イスラム政権が樹立。ロシア、イギリスと通商関係を結び、オスマントルコを宗主国とし、国際的にもその地位が認められた。

民族主義運動が発生

清朝に対し「ヤクブ・ベクが清朝の名目の宗主権を認めればその自立を認めるべきだ」という「海防論」の李鴻章《りこうしょう》と、最大の敵はモンゴルであり、モンゴルから北京を守るためには新疆は死守せねばならないという「塞防論」の左宗棠《さそうとう》が対立、左宗棠の意見が勝ち、1875年に左宗棠が総司令官となって新疆の再征服が行われる。

新疆は再び清朝の支配下に置かれたが、これを機に、イリ将軍やハーキム・ベグによる間接統治を解消、内地と同様の清朝官僚による直接統治となり、1884年に新疆省となった。そして現地の子女に漢語学習を強制し、同化政策を進め、その結果、この地域の人々のアイデンティティは危機に見舞われ、民族主義運動が発生するようになった。

このころの中央アジアは、英国とロシアの勢力争いの場でもあった。イリはロシアに占領されていたが、露清間でイリ条約（1881年）が結ばれ、清朝が900万ルーブルの償金を支払うのと引き換えに、清朝に戻された。イリ条約では、ロシアの商業活動を免税にするとしていたので、その後、イリではロシア人人口が急激に増え、しかも彼らはロシア人といいながらも民族的にはタタール人やウズベク人、つまり西トルキスタンのチュルク系ムスリムだった。彼らはロシアの圧政に対する反発から生まれた思想的、政治的新潮流を新疆にもたらした。

彼らが、その思想潮流を支える近代的教育方式（ウスリ・ジャディード）の普及を広める動きをジャディード運動という。これに影響を受けて、新疆から「先進地」のクリミア・タタール、トルコ・イスタンブールなどに留学生が派遣されるようになった。彼らの大部分は新たに台頭してきた商業資本家の子弟であり、新疆における近代的知識層を形成し始めた。この知識層がのちに「東トルキスタン共和国」の成立に大きな役割を果たしていく。

だが、民族主義運動とこうした知識階級が結びついて形成された思想は「汎トルコ主義」「汎イスラム主義」としてやがて中国の安定を脅かすと考えられ、弾圧の対象にもなっていくのだった。

戦局打開のためソ連軍に介入を要請

清朝滅亡までの30年間の新疆（東トルキスタン地域）は比較的、小康状態が保たれた。1911年に辛亥革命によって清朝が滅び、中華民国が成立する。このときに外モンゴルは赤軍の指導を受けて独立し、ソ連の衛星国となり、チベットは紆余曲折をたどって事実上の独立国となった。だが新疆では漢人による権力争い以上のものはなかった。新疆省の政権と軍権を掌握した科挙官僚出身の楊増新《ようぞうしん》が清朝体制を模して独立王国を築こうとしており、同時に世界の大変化の潮流に東トルキスタンの民を触れさせないよう、刺激を与えないように神経を使っていた。

一方、オスマン帝国は汎トルコ主義の拡大に熱心であり、カシュガルからイスタンブールにやってきたメッカ巡礼者たちに教師をカシュガルに派遣する提案がなされ、その結果、アフメット・ケマルという人物がカシュガルに派遣された。彼はカシュガルに教育施設をつくり、この地方の民族主義的教育運動の中核となった。彼はやがて中国の官憲に逮捕され、ウルムチで大戦終了まで監禁されるが、彼と関わった人々は以後、さまざまなかたちで民族主義的活動に関わっていく。

楊増新はクーデターで殺害され、そのクーデターを鎮圧した軍人・金樹仁《きんじゅじん》が新疆省長になるが凡庸な彼の支配のもとで、差別的抑圧的な同化政策に諸民族の人々の不満と怒りが鬱積していた。

現地の少女を強制的にめとろうとした漢人将校が、婚礼の夜に殺害される事件をきっかけに1931年3月にクムル（ハミ）で大規模反乱が起き、新疆（東トルキスタン）全土に飛び火。その混乱の最中、1933年初めホータンでムハンマド・イミン・ブグラが主導した蜂起は、同時に起きたカラシャール、クチャ、アクスの蜂起と合流し、11月カシュガルにて「東トルキスタン・イスラム共和国」の独立宣言を出すまでに至った。大統領にはホージャ・ニヤズ、首相にはサビト・ダ・ムラーが擁立された。

一方、クムルの反乱に呼応した甘粛の回民軍閥、馬仲英《ばちゅうえい》がウルムチに迫るなか、ウルムチでは政変が起き、金樹仁に代わって盛世才《せいせいさい》が全権を掌握していた。

彼は戦局を打開するためにソ連軍に介入を要請。敗走した馬仲英は甘粛に退却する代わりに、成立したばかりの東トルキスタン共和国を壊滅させた。ホージャ・ニヤズは事実上の最高責任者であったサビト・ダ・ムラーを捕縛して新疆省政府に引き渡し、馬仲英はソ連と交渉して亡命した。

反乱参加者の政治的思想は、漢人の政治的支配を払拭して、イスラム法によるイスラム社会を実現することで共通していたはずだ。だが、そこで漢人ムスリムの回民は完全に排除されており、勃興しつつある民族主義はイスラムの大義と必ずしも一致はしていなかった。これが最初の東トルキスタン・イスラム共和国のあっけない滅亡の背景にある、といえる。

カメレオン盛世才

もともとタリム盆地の定住民は特定の民族名をもたず、異教徒に対してはムスリムと名乗り、異邦人に対してはイエルリク（土地の者）と名乗るのみだった。しかし、中央アジアを支配していたロシアで革命が起こり、やがて中央アジアでもソヴィエト政権が誕生し、ソヴィエト連邦が成立すると、民族理論や民族政策を念頭においた社会主義建設のための新たな行政区分の概念が求められるようになった。それが「民族的境界区分」あるいは「民族別国境画定」と呼ばれる概念だ。

これにより、中央アジアの行政区分が組み替えられていった。中央アジアにおいて史上初めて、民族別に境界線が出現し、国境の概念が登場した。ソ連に在住していた東トルキスタン出身者は、チュルク・トルコ学者セルゲイ・マローフの提案に基づき、1921年に古代の「ウイグル」の名称を復活させて名乗ることを決定した。この名称は新疆でも広がり、1935年に公式に採用された。以降、このウイグルの名が東トルキスタン出身者の民族意識が結晶する核となっていた。

新疆の全権を掌握した盛世才は日本の明治大学、陸軍大学校に留学経験を持ち、国民革命軍総司令部参謀でもあった。性格はカメレオンのようで、最初は国民党政府下の新疆省役人としてウルムチにいたが、全権を掌握するとソ連に接近、ソ連の秘密警察を使った独裁を行い、「ソ連の衛星国をめざしている」といわれた。日本に留学中、マルクスやレーニンの書を読み漁って傾倒し、じつは根っからの共産主義信望者だった、という説もある。

だが独ソ戦争が勃発し、ドイツが優勢となると今度は反共に転じ、弟の暗殺を口実に省内の中国共産党員をのきなみ逮捕、殺害した。このなかには毛沢東の実弟・毛沢民も含まれていた。だが大戦でソ連が勝利すると、再び親ソ政策に変わった。このカメレオンぶりに加えて汚職がひどく、彼が組織した「鉱山局」が新疆各地の古城の盗掘を行っていたこともばれ、国民党政府から粛清されて、後任に呉忠信《ごちゅうしん》が着任することになった。

ソ連に〝売られた〟東トルキスタン

盛世才失脚の混乱に乗じてイリで民族蜂起が起きると、単独で新疆政府の圧政に耐えていたアルタイのカザフ人とタルバガタイの革命派も連動し、中国がいうところの「三区革命」が開始された。おそらくソ連の軍事的支援を受けて、1944年にアフマト・ジャンを指導者とする「東トルキスタン共和国」の成立をイリのグルジャ市で宣言した。

新政府にはソ連から顧問が派遣され、政治的軍事的にソ連の影響が強いかたちでの独立だった。東トルキスタン軍はウルムチに迫る勢いだったが、善後策にあたるために蔣介石《しょうかいせき》から派遣された張治中《ちょうじちゅう》はソ連のウルムチ領事館に仲介を求め、新たに新疆省主席となった張治中の下で、ウルムチ・イリ連合政府が発足した。

これは8月のヤルタ会談の際に行われたソ連と中国国民党との密約で、外モンゴルの独立・満洲の権益と引き換えに中国が東トルキスタンを支配する、という交換条件が結ばれたからだった。いわばソ連に〝売られた〟のである。東トルキスタンと中華民国から閣僚を出し合って新疆省連合政府が成立したのも束の間、翌年には分裂し、旧東トルキスタン政府の閣僚はイリに戻り自治を宣言。張治中はイリ政府と交渉するため新疆省連合政府主席をマスウド・サブリに譲ったが、この混乱を治めることができず辞任、かつて連合政府副首相を務めたのち、南京の国民政府委員だったタタール人で自称ウイグル人のブルハン・シャヒディが後任に就いた。

中華人民共和国に組み込まれる

1949年、中国共産党人民解放軍が長江を渡河し、国共内戦の決着がみえてきた。毛沢東は劉少奇《りゅうしょうき》率いる代表団をモスクワに派遣し、中ソ間の問題について交渉。このときにイリへの対処で合意が成り立ち、劉少奇に同行していた鄧力群《とうりきぐん》がモスクワからイリに向かい、アフマト・ジャンと交渉にあたった。

イリの自治政府は中国共産党との協議を決定。同年8月、毛沢東はアフマト・ジャンに書簡を送り、北京で開催される政治協商会議に出席を促すとともに「諸君の多年来の奮闘は、わが中国の人民民主革命運動の一部である」と述べ、「三区革命」を中国革命の一部というかたちにしてしまった。つまりまたもや旧ソ連の裏切りである。スターリンはイリを毛沢東に譲ってしまったのだ。

会議に参加するため、アフマト・ジャンを含むイリ自治政府の5人の代表がソ連経由で北京に向かったが、そのまま行方不明となった。8月27日、イルクーツク付近で搭乗機が墜落したと報道されたが、ソ連に連れ去られ殺害されたという説もある。この「事故」といい、毛沢東とスターリンの密約といい、このあたりの真相はいまだ謎が多い。

アフマト・ジャンらイリ自治政府の政治指導者のほとんどが一瞬で消滅したあと、鄧力群がウルムチ入りし、新疆省主席のブルハンおよび国民党軍司令と会談。新疆の「和平解放」を受け入れさせた。省内政府の反対派はパキスタンなどに亡命。中華人民共和国成立前夜の１９４９年9月26日、ブルハンは電報を打って国民党政府との関係を断ち、共産党政府に帰属した。

解放軍の進駐後、「三区革命」に属していたカザフ族のオスマンやクムルのヨルバルスなど国民党残党の抵抗はあったが、１９５２年までに収束させられ、土地改革が行われた。また国民党政府時代には認められていたシャリーア（イスラム法）法廷は廃止させられ、新たな統治機構が整備された。１９５５年に新疆省から新疆ウイグル自治区へと名称を変え、現在に至る。この中華人民共和国に組み込まれたことが、その後長きに続くウイグル迫害の始まりとなる。

「自治区」という幻

中国共産党が1922年の第2回党大会で初めて民族問題綱領を提示したとき、「蒙古、西蔵、回疆の3地域で自治を実行し民主自治邦とする」「自由連邦制によって中国本部、蒙古、西蔵、回疆を統一し、中華連邦共和国を創る」という文言が入っていた。

また中国共産党が1931年11月に江西省瑞金《ずいきん》に中華ソヴィエト政府を樹立したときの憲法大綱には「中華ソヴィエト政府は中国領域内の少数民族の自決権を認め、各弱小民族が中国から離脱して自ら独立国家を樹立する権利を認める。蒙、回、蔵、苗、高麗人など、およそ中国領域に居住するものは、中華ソヴィエト連邦に加盟し、またはそれから離脱し、もしくは自己の自治区域を樹立する完全な自治権をもつ」と規定されている。

一方、辛亥革命のスローガンは「滅蒙興漢（満州人を倒し漢族を興す）」であり、孫文は大漢族主義者だった。国民党は満洲人が獲得した土地は漢族のものと考え、「漢民族を中心に満、蔵、回などを同化せしめて中華民族とする」とも講演で発言している。

つまり、国民党の盛世才が新疆で独裁を敷いていたころ、中国共産党は「ウイグル人が希望するなら、彼らが独立するまで支持する」とのスローガンを掲げていたわけだ。当然、ウイグル人のなかに中国共産党に傾倒する人間は多く、共産党を支持すれば民族の自治が手に入ると信じていた。

だが、「解放」後の新疆に対して中国共産党が行ったことは徹底した漢族支配の体制の構築だった。彼らは「多民族国家の中の少数民族に自決権は適用されない」「民族自決原則は国際関係を正しく処理するための原則であって、国内諸民族の関係を処理するものではない」という詭弁でもって、ウイグル人はじめ地域の諸民族の自決権を否定した。

5・29事件の勃発

中国は王震《おうしん》率いる第1野戦軍を進駐させ、反抗的なウイグル人の弾圧、掃討を徹底した。「解放」直後の新疆には、漢族を除く13の「少数民族」が居住すると認定され、自治区成立の前年から彼らに対して自治州、自治県、民族郷が制定された。これらの地域は地名・民族名で呼ばれ、「少数民族」同士の複雑な入れ子構造を作って固有の民族の集中力を希釈させた。ウイグルのように1度ならず独立国家をつくった民族と、その他少数派の民族を同列に置くことで、民族の矮小化を狙ったともいえる。ウイグル自治区の中にモンゴル自治州やカザフ自治州があり、その下に回族自治県がある、といった具合になると、ウイグル人だけが結集しにくくなる、ということだ。

その地方政府の長のポストにはその民族出身者が就いたが、各行政単位の共産党委員会書記のポストには必ず漢族がついた。さらに漢族が圧倒的優位を占める解放軍が治安維持を担うことで、漢族支配の根幹を支えていた。

1949年当時、人口の3％ほどの30万人しかいなかった新疆の漢族は、その後の漢族入植政策により急増する。80年代には500万人を突破、99年には687万人となり、800万人のウイグル人と拮抗する規模になった。この目覚ましい漢族の膨張の核となったのは、第1野戦軍退役者を組織した新疆軍区生産建設兵団だ。

1952年に10万人が開墾と辺境防衛任務を与えられ、1954年に正式名称が新疆軍区生産建設兵団となった。当初は国民党軍、イリ民族軍出身者も少なくなく、初代総司令は元国民革命軍中将、国民党政府新疆初代総司令の陶峙岳《とうじがく》だった。

だが、中ソとの関係が悪化すると彼らはソ連に逃亡。1962年5月、イリ・タルバガタイのおよそ6万人の少数民族が逃亡したといわれている。その後、「ソ連駐グルジャ市領事館にそそのかされた」少数民族暴徒が州人民委員会を襲撃したため鎮圧され、ソ連領事館も閉鎖に追い込まれた5・29事件が起きている。

この背景には諸説あって、一般には大躍進の失敗で、大量の漢族難民が新疆に押し寄せてくるという噂が、ただでさえ逼迫していた経済状況にあったイリの諸民族を不安にさせ、この大量逃亡事件のきっかけになった、ともいわれている。この噂はソ連側が流したという説もある。

北京は5・29事件後、ソ連の侵攻を恐れ、生産建設兵団を強化することで国境防衛を固めようと考え、大量の漢族を補充した。そのなかには漢族女性も少なくなかった。何万人もの上海の売春婦たちを含めた女性たちがほとんど強制的に移住させられた。兵団員を慰安し、その子供を産み増やす役割を担わすためだ。この女性たちの不遇の物語、中国版従軍慰安婦残酷物語はいまも、密やかに語り継がれている。

彼らは天山北麓の荒れ地をものすごい勢いで開拓し、建設兵団第8師団駐屯地はのちに人口50万人(1979年)の石河子市《せきかしし》となる。開墾地は国営農場となった。このすさまじい開墾スピードによってイリ河北岸のアルマリク古城が消え去り、ロプノール湖が干上がった(これに流入するコンチェ・ダリヤの水が農業用水として利用しつくされたため)。1960年代には新疆の全耕地の半分がこの兵団の管轄となった。兵団は新疆ウイグル自治区政府に帰属せず、北京の解放軍の指示で動いた。王国のように学校、病院、裁判所、メディアまで自前で所有した。

この建設兵団の生産高は、のちに中国副主席にまで上り詰めた王震(解放軍進駐当時の司令で兵団の建設指示を行った)の政治資金でもあった。こうして文化大革命前の1966年には、兵団は148万人を擁《よう》するようになった。このころの構成員はほとんどが漢族だった。

文革時代のウイグル

ただ、文化大革命中はこの生産建設兵団の発展は停滞する。新疆に吹き荒れる文革の嵐も他地域に劣らず複雑かつ悲惨だったからだ。

背景としては、1954年以来、新疆軍区司令の王恩茂《おうおんも》は彭徳懐《ほうとくかい》と賀竜《がりゅう》の系統を継ぐアンチ毛沢東派で、文革を利用して打倒すべきターゲットの一人と見なされた。また、兵団は反毛集団として北京から敵視された。同時に大量の知識層青年が新疆に押し寄せ、人口と食糧生産のバランスが崩れた。紅衛兵たちがイスラムの宗教施設などを手当たり次第破壊したことは、食糧不足や日頃の圧政に加えて諸民族の怒りを高じさせた。しかも中ソ対立が先鋭化するなか、ソ連の背後の動きもあって、ウイグル人らの独立運動も活発化した。このあたりの状況を最も分かりやすくかつ詳細に分析した論文は静岡大学の楊海英《ようかいえい》教授の「ウイグル人の中国文化大革命」だろう。

楊海英論文やその他資料をもとに、ざっくり新疆の文革時代の様子をまとめると、次のようになる。

まず1966年8月、北京の紅衛兵たちがウルムチにやってきた。「ウルムチ大中学校紅衛兵総部準備委員会」「新疆紅衛兵革命造反司令部」「新疆紅衛兵無産階級革命司令部」などが誕生して、血なまぐさい武闘が繰り返された。造反派と保守派の激しい武闘が少なくとも125回起き、700人以上の死者と5000人以上の負傷者を出したという。彼らはモスクや宗教施設の破壊行動を始めた。文革初期は宗教指導者が迫害、虐殺される事件が多発した。

また、1967年に知識層青年の上山下郷《じょうさんかきょう》運動《うんどう》（下放）が起こり、全下放青年の18%にあたる250万人の若者が兵団に押し寄せた。1966年に700万人とされた自治区人口は1968年当時の新聞をもとにした推計では1200万～1500万人とされ、このうちウイグル人は366万人、カザフ人51万人、キルギス人7万人にすぎなかった。

これは、当時の兵団員に固定収入があり、生活が保障され、医療衛生条件がよく、組織が軍隊並みに序列に準じ、領章帽徽《りょうしょうぼうき》のない解放軍と見なされたので、知識層青年たちが農村の生産隊に入るよりずっといいと考えたからだろう。だが、大量の漢族が一気に流入したことで、新疆は深刻な食糧不足に陥った。このことが長年の漢族の圧政に耐えていた諸民族の怒りを煽り、漢族への抵抗運動を激化させた。文革期間、少数民族の抵抗と弾圧事件が繰り返された。

兵団は反毛集団と目され、毛沢東派の攻撃のターゲットとなった。1967年1月26日に石河子で100人以上の死者を出した暴力事件は「王恩茂が、葉剣英《ようけんえい》や徐向前《じょこうぜん》の指令に従って、引き起こした文革造反派を鎮圧する運動」「王恩茂の指示で反毛沢東派の生産建設集団八一野戦軍が親毛派を弾圧する事件」といわれている。新疆は兵団が「独立王国」を築いていたため、毛沢東・林彪《りんぴょう》系の指揮系統がほとんど及ばなかったのだ。王恩茂は1966年に造反派によって粛清され、北京に抑留された。兵団経済は1975年までに累積欠損が膨らみ続け事実上崩壊。兵団に所属していた企業、農場、すべての機構が農墾局などに移譲された。

ただ王恩茂は1968年9月に新疆ウイグル自治区革命委員会が成立したとき、副主任として返り咲いている。「それはソ連が自治区の内部的混乱と派閥抗争の機に乗じて、非漢民族の間に社会不安を根づかせる危険があることを北京は見過ごせなかった」という解釈が一般的である。

一方、文革においてウイグル人を筆頭に諸民族がとくに厳しい迫害を受けた、ということは当然いえる。文革において受けたウイグル人への迫害には、内モンゴル自治区におけるモンゴル人への迫害に共通するものがある。

1950年代の反右派闘争は、少数民族自治区では反地方民族主義に切り替わり、「新疆民族は以前から民族自決を求めていた」として、新疆政府・党委員会の民族官僚が軒並み粛清された。

粛清された官僚として、サプライェフ（新疆ウイグル自治区党委員会書記処書記）▼イミンノフ（自治区党委員会常務委員）▼エサハディィ（イリ・カザフ自治区党委員会常務委員）▼ズヤ・セメティィ（自治区文化庁庁長）▼イブライントルティィ（自治区民政庁庁長）▼アブドゥリム・エサ（自治区党委員会委員候補）▼ア・サイド（ウルムチ市市長）▼アブレズ・カーリ（自治区商業庁副庁長）らの名前が挙げられている。

彼ら「地方民族主義者」の民族自決を求める動きは、「漢族を排斥し、民族間の団結を破壊した」行為だとして、粛清された。こうしたレッテルを張られた新疆の少数民族官僚は1612人に達したそうだ。

こうした民族官僚が掛けられた容疑には、「ソ連修正主義のスパイ」というのが多かった。たとえばイミンノフについては、長期間にわたって自治区の党と政府機関に潜り込み、外国に密通する反革命修正主義集団のボスと断罪された。「ソ連修正主義者が新疆に伸ばしてきた最大のブラック・ハンド（黒手）で、大物のスパイで、徹底的なブルジョアジーの野心家にして謀略家でもある」と楊論文で提示された資料にある。

文革時代のウイグル人らの抵抗運動については、楊論文のなかで提示されている馬大正というモンゴル学者の提案書のなかで「分裂活動」という言葉を使って、三つ挙げられている。1962年のイリの5・29事件、1968〜1970年の「東トルキスタン人民革命党反革命集団事件、1969年の「カシュガル地域メゲティにおけるアホンノフをボスとする武装暴動」だ。

5・29事件は文革発動前の事件だが、「東トルキスタン人民革命党反革命集団事件」と「アホンノフをボスとする武装暴動」は連動していて、まさに文革に乗じた民族抵抗勢力に対する鎮圧事件と言えるかもしれない。

概要をかいつまんでいうと、ソ連が1956年から新疆に派遣していたスパイ・トルスンラハモフと自治区副主席のザハロフらは密通し、「ウイグル共和国」をつくって新疆を独立させるために動いていたという。

文革が始まると、独立のチャンスとばかりに、イミンノフ、ザハロフ、パティーハンら自治区副主席はトフティクルバン（元自治区出版社ウイグル文弁公室主任）とニイヤーズ・オマル（温泉県商業局副局長）、イスマイル・イブライン・ハサムパルサ（ソ連の古参スパイ、自治区対外貿易局絨毛廠副廠長）らを動かし、1968年2月に「東トルキスタン人民革命党」という反革命組織を設立。彼らは12回にわたって26人をソ連とモンゴル人民共和国に派遣して、現地の諜報関係者と連絡し合った。1969年になると、メンバーは1552人に膨れ上がった。

この「東トルキスタン人民革命党」党綱領では、「漢人の植民地的支配を打破して東トルキスタン民族の独立を実現するのがわが党の最終目標である」と掲げていた。

だが、主要メンバーのトフティクルバンが1968年2月に新疆大学の群衆組織に監禁されたことで、その「陰謀」が発覚。一方、1968年8月20日「東トルキスタン人民革命党」の「南新疆ブロック」の書記でカシュガル市トラクター・センターのセンター長であるアホンノフが武装闘争を決行。人民解放軍と警察に弾圧されて、5名の「暴徒」が射殺された。東トルキスタン人民革命党に絡む逮捕者は1970年までに5869人に上り、うち32人が処刑された。これは新疆解放の最大の反革命組織が殲滅された事件だった、という。

こうして文革時代、新疆では漢族同士の階級闘争が少数民族弾圧に矛先を変え、ウイグル人はじめ諸民族に多大な犠牲者を出すことになった。

改革開放で始まった貧富の差

文革が終わると、王震が鄧小平に新疆の生産建設団の再建を提案した。折しもイラン革命やソ連のアフガン侵攻、東トルキスタン独立運動、イスラム原理主義の台頭などが起き、新疆の安定と国境防衛が最優先課題となっており、1981年にこれが承認された。生産建設兵団は生産集団というだけでなく、解放軍予備役、民兵の役割を担った。

だが毛沢東時代と違って、団員を新疆という自然気候の苛酷な「敵意ある少数民族」に囲まれている地域に留め置くためには、団員のよりよい給与、生活、出世の道を約束しなくてはならなくなった。折しも中国は改革開放経済に舵を切り、兵団の経済生産性は飛躍的に向上した。兵団はその後も成長し続け、2006年の段階で兵団数は258万人、88%が漢族で、GDPは380億元。トマトペーストの世界最大級生産者であり、主にトマト缶・加工原料として世界に輸出された。石河子生産のホップは日本のビールメーカーも輸入。農産物だけでなく、鉄鋼、自動車、石油・ガス開発、地下資源開発など1500の企業を抱える大経済集団となった。

それはあたかも、ウイグルの土地に築かれた「漢族の植民王国」と言えるかもしれない。

兵団の発展に象徴されるように、改革開放が新疆にもたらしたものは、そのポテンシャルの再確認と、天然資源開発による急速な経済発展、それに伴う共産党中央幹部たちの利権構造の肥大化があった。兵団創設のキーマンであった王震が、兵団を通じて巨額の富を得たことはもちろん、天然資源開発利権によって党中央の石油閥の筆頭である曽慶紅《そうけいこう》や石油産業と連動して発展した自動車産業利権とかかわる江沢民《こうたくみん》らが新疆の富を吸い上げて蓄財していたことは、のちのちの新疆政策にも関わってくる。そして、共産党中央の幹部たちが新疆利権をほしいままにするために、強欲な王楽泉《おうらくせん》といった漢族官僚を新疆ウイグル自治区の書記に送りこみ、新疆における漢族とウイグル人ら少数民族との格差が拡大することで、漢族VSウイグル人の怨恨と対立が激化するのだが、このことはあとでまた触れるとしよう。

胡耀邦の民族融和政策の挫折

文革終了後、改革開放政策のほかにもう一つ、ウイグル人の暮らしに大きな影響を与えたのは、胡耀邦《こようほう》の民族融和政策だろう。

文革が毛沢東の死によって終わると、後継者として毛沢東自身に指名されたとして党主席の座を継いだ華国鋒《かこくほう》は、その実力不足と時代の潮流に反した思想がもとで実力者、鄧小平に失脚させられた。鄧小平は、やはり有能な指導者であった胡耀邦と趙紫陽《ちょうしよう》とともにトロイカ体制という3頭立て馬車のようなかたちで、文革の10年で疲弊した中国を立て直していく方針を打ち出した。そのなかでも総書記の胡耀邦は、その開明的な政策によって人望が高かった。特に少数民族に対しては同情と理解のある政策を打ち出した。

1980年2月、胡耀邦が党中央総書記に選出されたとき、最初の書記処会議で、少数民族問題が討論された。胡耀邦は「自治と自主権は密接につながっている。これは個性だ。個性がなければ共性もない。これが弁証法だ。十分な民族の自決権がなければ、各民族の大団結もないのだ」と訴えた。自治とは自治権である。胡耀邦は自治区に自治権を与えるべきだと主張したのだった。その年の5月、チベット視察に訪れたときに、胡耀邦がその惨憺たる有様に涙を流して謝罪したというエピソードはよく知られている。

1984年に胡耀邦は、俗に「両少一寛」と呼ばれる少数民族優遇政策を打ち出した。まず、中央5号文件で「少数民族の犯罪分子は少なく捕まえ、少なく殺し、処理は寛容にせよ」と党内に通達した。少数民族の刑事犯罪に対しては寛容に処せ、という少数民族に対する逆不平等刑事政策であるが、裏返せば、文化大革命中のモンゴル、チベット、ウイグルに対する迫害は党中央としてもやりすぎたという反省があった。さらに、同年「中国民族区域自治法」が可決され、少数民族の利益を中心とする民族区域自治制度を実施する法的根拠を与えた。

また同年、チベット工作座談会の席でも再度、自治区に自治権を与えるべきだと訴えた。「あなた方の一番の懸念は社会主義ができるかどうか、あるいは内地で画一化したモデルで社会主義ができないことを恐れているのだ。次に心配なのは党の指導が弱体化しないかどうか。次に心配なのは宗教の影響がますます大きくなるのではないか。第4の心配は、明日にでも大きな反乱があるかどうかだ」「われわれ漢族幹部がもし彼ら（チベット）を尊重せず、漢族文化が彼らの文化にとって代わろうと思っているなら、必ず躓《つまず》くことになるだろう」「生活の弁証法とは、つまりこういう事だ。君たちが手放したくないと思うほど、しっかりとしがみつくものほど、簡単に失われてしまうのだ」。

そして胡耀邦は自らの民族政策を6文字で表した。「免征、放開、走人」。免征とは、自治区に対して2年間、農牧税を免除すること。放開とは、所有経済に対する政策を緩和すること。走人とは、必要最小限の幹部以外の漢族を全部内地に戻して仕事をあてがうこと。胡耀邦は各地の少数民族が自分たち民族の権益を維持するための政策を自分たちで制定することを奨励したのだった。新疆においても胡耀邦は文革で破壊されたモスクを再建させ、チュルク文化史を元通りに直し、冤罪で囚われた人たちの名誉回復を早急に進めるように訴えた。

この時期、新疆では宗教活動が全面的に復活し、破壊されたモスクや宗教施設は党と地方政府の援助を受けて再建されていった。ウイグル、カザフ、キルギスといった民族の言語は、一時採用されていた漢語のピンインに基づくアルファベット表記が廃止され、アラブ文字に手を加えた各々の民族文字の採用が認められた。ウイグル人たちはこれを共産党からの和解のサインと受け取った。胡耀邦時代、新疆では一件も暴動事件が起きなかったという。王震が新疆を支配していた1950年には16回の武装暴動があったことを見れば、胡耀邦の政策がいかに妥当なものであったかが分かるだろう。

ウルムチのモスク。中はコンビニとレストランになっていた

だが、こうした民族融和時代は胡耀邦の失脚とともに早々に終わる。胡耀邦は、1987年1月16日の政治局拡大会議で総書記職を解任される。理由は「ブルジョワ自由化に寛容だった」からだ。

胡耀邦の政治改革は言論の自由

化や、若手抜擢、対日接近をはじめきわめて開明的なものだったが、言論の自由を緩めたことによって、鄧小平の独裁的な姿勢に対する批判が登場するようになった。それが共産党体制の根底を揺るがすことになると見た保守派が胡耀邦を攻撃。鄧小平自身も胡耀邦人気の高まりに嫉妬と不安を覚え、趙紫陽も鄧小平側につき、胡耀邦失脚に至ったというのが、およその真相だろう。胡耀邦の少数民族政策も党内保守派から反発を受けていた。

胡耀邦が失脚して2年後の1989年に天安門事件が起き、その学生運動を利用した趙紫陽が鄧小平と対立、その権力闘争に巻き込まれる形で、中国が民主主義運動の芽が戦車に轢《ひ》き潰《つぶ》されたいきさつは、本書では説明しない。『鄧小平秘録』(伊藤正著、上・下、文春文庫)などを読んでいただいたら、と思う。

歴史のIFを考えることはあまり意味がないのだが、もし胡耀邦が失脚していなかったら、中国はいまどうなっていただろうか。中国のゴルバチョフのような存在となり、共産党体制を解体して、今のロシアのような選挙のある国に生まれ変わらせることができただろうか？　ウイグル自治区はウズベキスタンやカザフスタンなど中央アジア5カ国のように独立

たちの独立の機運が再び高まったのではないだろうか。

できていたかもしれない。そう考えたからこそ、90年代の新疆ウイグル自治区でウイグル人

東西冷戦崩壊後の新疆ウイグル自治区

１９８９年といえば東西冷戦終結の年であり、世界が猛烈な変化を遂げていた時代だ。この年、中国では北京の天安門広場で民主化を求める学生たちが武力鎮圧される天安門事件が起きた。学生リーダーの一人、ウルケシはウイグル人だ。

またチベットでは、パンチェン・ラマ10世の不審死を発端に大規模なデモと武力鎮圧が繰り返され、3月7日にはついに中国初の戒厳令が布告される事態となった。このときチベット人400人が虐殺され、負傷者は数千人、３０００人以上の逮捕者が出た。新疆ウイグル自治区では１９８９年5月18日に『性風俗』抗議事件というのがあった。

１９８９年3月、上海文化出版社が出版した『性風俗』という本に、イスラム教を侮辱するような表現があり、中国国内のムスリムの怒りを引き起こした。中国はこの本の新疆への

数々のデモと鎮圧事件の現場にもなった人民広場

流通を差し止めたが、結局、持ち込まれてしまい、5月18日にウイグル人、回民らを中心したムスリムによる大規模デモがウルムチ市のメーンストリートで行われた。19日には、このデモは2000人に膨れ、人民広場の自治区弁公庁に押し寄せ、弁公庁建物を襲撃。彼らは「イスラム革命万歳」「打倒独裁」「漢族の新疆流入を防げ」といったスローガンを叫び、打ち壊しを始めた。

自治区当局は1000人の警官と1200人の武装警官でこのデモを武力鎮圧。150人以上の負傷者を出す事態となった。『性風俗』はその後、発禁処分となり、作者はイスラム教侮辱罪で懲役1年6カ月の判決を受けたほか、出版関係者も厳重な処分を受けた。このときのデモには、民族主義者だけでなく、天安門広場での学生運動に触発された民主希求の若者も応援に参加したといわれている。

この後、新疆全域で連続してウイグル人らムスリム民族の漢族独裁への抵抗事件が頻発していく。

背景としては、1991年のソ連崩壊後、「西トルキスタン」に当たる中央アジアのウズベキスタン、カザフスタン、キルギス、タジキスタン、トルクメニスタンが共和国として独立しており、これに触発されて新疆ウイグル自治区内でも民族の自決や独立を望む機運が高まっていた。一方で、経済の改革開放が本格的に始まると、貧富の格差が広がり、漢族のウイグル人からの搾取構造が明確になってきた。同時に、ウイグル人の西洋化、世俗化も進んでいた。

とくにグルジャなど辺境都市はロシアやソ連の影響をもともと非常に受けやすいが、改革開放の初期などは、とくに新しい時代の空気のようなものに、この町は感化されていた。このころのこの地のウイグル人の若者の思想やファッションなどは中国沿海部よりもむしろ西洋化していたくらいだという。

一方で、ウイグル社会でも辺境貿易やビジネスで金儲けをしていくような富裕階層が誕生し、酒や麻薬や賭博、愛人を囲うといった世俗化に染まるムスリムも出てきた。また、漢族から搾取される一方で、貧しいまま取り残されるウイグル農民の問題もあった。こうしたところに、西アジア方面からタリバンら原理主義宗教の布教家が入ってくると、行き過ぎた世俗化への反動として、これに惹かれる人々も少なくなかった。そういう時代の影響を受けて「独立運動」や「抵抗運動」、あるいは搾取や圧政に抵抗するデモなどが各地で頻発するようになっていった。

新疆3大〝テロ〟事件

2019年3月に国務院から発表された「新疆の反テロ・過激化除去闘争と人権保障白書」によれば、「暴力テロ事件」として挙げられているウイグル人らの抵抗運動は2016

年までで「数千以上」で、殉職した警官は「数百人」としている。その一つ一つを挙げるわけにもいかないが、犠牲者がとりわけ多く影響が広がった事件を3つ紹介しておきたい。

1つ目は、1990年4月5日のバリン郷事件。クズルス・キルギス自治州アクト県のバリン郷政府を「東トルキスタン・イスラム党」に煽動されたウイグル人暴徒が斧や手榴弾などで武装して襲撃、武装警察と銃撃戦になった。首謀者15人が射殺されたほか、武装警官6人が殺された。

ウイグル人権プログラムのサイトに寄稿された回顧録によれば、当時のアクト県は全国の最貧県100に入る寒村で、その貧しさの原因は漢族入植のせいだという不満がウイグル人農民の間にくすぶっていた。バリン郷はウイグル人だけの1万人程度の村だったが、ここに生産建設兵団が来るという話が流れ、これ以上の貧困に耐えきれないと怒った農民5000人が独立派の煽動に乗って郷政府に押し寄せたのだという。だが、政府は新疆南部に駐屯する5師団に出動要請し、バリン郷を包囲。農民たちに武器は足りておらず、あっさりと鎮圧された。その後、バリン郷の〝革命暴乱〟に参加・同調・味方していたとして3000人が逮捕され、200人が処刑されたという。

グルジャ事件――打ち壊し騒乱か平和的デモか

次に、1997年2月5日のグルジャ事件だ。中国の公式発表では1997年2月5日から8日にかけて起きた「東トルキスタン・イスラム真主党」が首謀者とされる「深刻な打ち壊し騒乱事件」で、一般市民7人が虐殺され、武装警官198人が負傷し、30車両が打ち壊され、民家2軒が燃やされた、となっている。

東トルキスタン・イスラム真主党とは、のちに東トルキスタン・イスラム運動（ETIM）の名前で知られる独立運動組織だ。成立は1997年とされ、創設者はハサン・マフスームという。彼は1993年に暴力テロ活動に従事したとして逮捕され、3年服役したのち釈放されて国外に脱出。アフガニスタンでテロリストとしての訓練を受けて97年に組織をつくったという。

だがこの事件も、ウイグル人側から見れば、ウイグル人の平和デモに対する大武力鎮圧で、死者100人以上、逮捕者数千人（そのほとんどは行方知れず）ともいわれている。現場はイリ・カザフ自治州グルジャ市で、1997年2月5日は漢族にとっては春節の2日前であり、ムスリムにとってはラマダン明けの5日前だった。

グルジャという土地は、辺境貿易で富を築いた富裕層がけっこうおり、世俗化も進んでいる一方で、原理主義宗教の布教者も国境を越えて多くやってくる土地だった。1995年当時、アブリクム・マイハスムというタリバン高級軍官の弟子がグルジャに布教に来ていた。彼がメシュラプというウイグルの詩の朗誦やダンスを伴う伝統的集会をグルジャ市郊外で催したところ、多くの人たちを引き付け、これが酒や麻薬といった世俗化から人々を救うものとして一気に人気になった。当初は人々の娯楽として広まったが、中国側にいわせれば、メシュラプを通じて原理主義宗教が拡散されていった。メシュラプにはいつの間にか4000人が参加するようになっていた。

1995年4月30日、人々は地元政府の批准を得ないまま「イリ青年メシュラプ委員会」を設立。メシュラプ委員会は宗教税を徴収し、農村行政や治安管理にも関わるようになった。

8月13日、地元公安局はメシュラプ委員会がテロリストの拠点になりうるとみて、副総指揮者であるアブドヘイリリら委員会メンバーを含む多数を召喚し、取り調べることにした。翌14日、これに反発したイリ青年メシュラプ委員会は抗議のデモを行った。デモは200人ぐらいから始まったが、最終的には800人に増えた。300人がイリ・カザフ自治州政府の前に座り込みを行うなどした。政府の説得によって最後には解散したが、この事件は中国政府を恐れさせるには十分で、メシュラプは禁止され、28人のメシュラプ委員会メンバーおよびデモ参加者が公安当局に勾留された。

中国語報道をもとに編まれた中国版ウィキペディアによれば、このころ、南新疆のコルラ市を活動拠点にしていた「東トルキスタン・イスラム真主党」は20人ほどのメンバーをイリに派遣し、宗教〝聖戦〟を喧伝しはじめていた、という。メシュラプ事件があり、不満が高じていたこともあって、賛同者は瞬く間に増えた。1996年11月、この組織はウルムチからも幹部をグルジャに派遣し、公安から釈放されていたアブドヘイリリらと接触。農村に6

つの秘密拠点をつくり、秘密裡に〝テロ訓練〟を行いはじめた、という。

１９９６年10月、自治区の10以上の州・県から独立派の代表がホータン市に集まり「東トルキスタン・イスラム共和国の重要問題に関する決議」を行い、東トルキスタン独立を目標に設定した。96年から計画を実行し、２０００年には独立国家の樹立を実現する、とした。

そのなかで、１９９７年2月5日、グルジャではウイグル人によるデモが行われた。これが「東トルキスタン・イスラム真主党」の煽動で行われた、と中国側は見ている。群衆は「宗教弾圧と民族差別をやめよ」と叫びながらグルジャの通りを行進した。このとき、「漢人を駆逐せよ」「イスラムの王国をつくろう」といったシュプレヒコールもあった。

デモは最初１００人規模だったが、とある市場で派出所の所長がデモをやめるように注意すると、それがきっかけに騒乱が起きた。最初は30人くらいが騒いでいたが、これが瞬く間に数百人規模に拡大。当時の古い映像がネット上に残っている。彼らは「漢人を追い出せ」などと叫び、彼らの身分証や戸籍、名簿などを燃やすパフォーマンスが起きた。多くのウイグル人たちが至るところで着ていた「漢人服」を脱ぎ始めた。極寒のなかにもかかわらず、裸になって行進を続けた。

朝9時ごろ始まったデモは、正午には1000人規模に拡大。棍棒や石つぶて、刃物をもって「イスラムの王国をつくろう」などと叫び、漢人の庶民を攻撃、商店や自動車を打ち壊し始めた。こうした暴乱は7日まで続き、無関係の民衆も多く死傷した。春節の対聯を掲げた漢族家庭が襲撃され、そこに住んでいた青年夫婦が無残に撲殺されたりする様子が、中国紙『南方週末』などで報じられている。

1998年に出版された中国公式年鑑の『新疆年鑑1997』によれば、この事件は計画的に起こされた「国家安全に深刻な危害を与える打ち壊し騒乱事件」であり、反動的スローガンを掲げながら騒乱分子が違法なデモを行い、公安警察と武装警察戦闘員らを攻撃、無辜《むこ》の群衆に対しても打ち壊しや焼き討ち、殺害を行った。

この事件において、警官ら198人が暴徒によって殴られ負傷、うち50人が重傷を負った。7人の漢族庶民が群衆に殺害され、24台の車両が打ち壊され、6台の車両が燃やされた。イリ地域の社会の安定が破壊され、各民族の財産、生命に重大な損失をもたらした。事件発生後、公安当局は果断な措置を取り、早急に事件を平定。きわめて少数の首謀者を法に基づき処刑し、事件関係者を詳細に取り調べ、大多数の群衆に対する教育を急いで行い、有効に事態の拡大を制した、という。公式記録ではこのときの逮捕者は30人で、死刑は3人、執行猶予付き死刑は1人、懲役7～18年が26人ということになっている。

一方、ＵＨＲＰなど人権組織のリポートによれば、当初は、宗教弾圧や民族差別をやめるように当局に求める平和的デモであったが、デモは武力鎮圧された。その後、数千人のウイグル人が当局に勾留された。その中にはデモに参加した、あるは参加が疑われる者やその家族が含まれた。当局は彼らを監禁し、拷問や不公正な審理を行ったという。多くのウイグル人が事件の容疑者、「国内で活動するテロリスト」として処刑された、という。

２００７年の事件10周年で、亡命ウイグル人の代表として注目されていたラビア・カーディルの訴えでは、「事件中およびその直後、８０００人のウイグル人が〝失踪〟した」と言い、アムネスティ・インターナショナルでは、武装警察などがデモを鎮圧する際に、数百人から数千人が殺傷された、としている。デモ鎮圧に動員された武装警官は４万人に及んだともいう。

英チャンネル4など外国メディアのリポートでは、このデモのきっかけの一つに、30人の独立派ウイグル人が処刑された、という〝噂〟があったという。デモの現場では100人以上が死亡、事件後に1600人が逮捕されたという。また武装警察らはデモ鎮圧時、警察犬を放ち、催涙弾や放水を使ったほか、暴徒が漢人や車両を襲ったときに5発発砲した、という。

グルジャ事件は公式発表と海外人権団体のリポートに大きな乖離があり、真相はいまだ闇の中だ。だが、メシュラプが禁止された後の1996〜97年はウイグル人の抵抗運動がきわめて多発した時期で、グルジャ事件はそのピークを示す事件として、国内外で記憶された。

7・5事件の真相をめぐって

そして3つ目の事件が、2009年の7・5事件である。

個人的な印象としては、通称7・5事件といわれる2009年にウルムチで起きたこの騒乱は、90年代の「東トルキスタン独立運動」の延長とは違う気がする。むしろ、苛酷すぎる民族政策に対する抵抗、貧富格差の拡大による不満といった、漢族が各地で起こす抗議運動や群衆事件と共通するものがあるように思う。そのころ漢族のあいだにも人権意識や権利意識が高まり、1人っ子政策による強制堕胎への抗議運動や、土地の強制収容に抵抗する暴動、ちょっとした庶民イジメの事件をきっかけに起きる地方政府への不満の発露としてのデモが頻発していた。

ただ、そうした群衆事件をウイグル人が起こすと「テロリズム」と断罪する傾向があった。7・5事件は私から見れば、独立派の事件でもなければ、テロリズムでもなく、ウイグル人の維権運動（権利擁護運動）から始まったデモが、ウイグル人であるがゆえに、暴力的に徹底的に鎮圧された事件だと見ている。

きっかけは「広東省6・25事件」と呼ばれる、広東省韶関《しょうかん》市の玩具工場で起きた騒乱と当局によるウイグル人に差別的な処理の問題がある。

広東省韶関市の玩具工場で、ウイグル人従業員が漢族女性従業員をレイプしたというデマが広がり、200人のウイグル人従業員が6000人の漢族従業員から襲撃され、鉄パイプでめった打ちの集団リンチを受けた末118人が負傷し、2人のウイグル人従業員が撲殺された。実は30人以上が死亡したという噂も流れた。デマは解雇された漢族従業員の悪意によるものだと判明したが、警察はこの事件の襲撃側の責任についてはうやむやにしてしまった。

これを民族差別であるとして疑心暗鬼に陥ったウイグル人たちは、死者はもっと多いはずだとして、7月5日に、ウルムチ市でウイグル人の大学生を中心に、事件の公正な調査と解決を求める抗議デモを行った。最初は約300人がウルムチ市庁舎の前で座り込みを行った。ここに日ごろから漢族への不満をため込んでいたウイグル人たちが集まりはじめ、1000人以上の規模になった。一説には3000人以上に膨らんだともいわれる。

当局側は解散命令を出したが、群衆はこれを拒否、当局は1000人の警官隊を派遣し、対峙の末、激しい衝突が起きたといわれている。きっかけは警官隊の威嚇射撃だとも、あるいは群衆に対する無差別射撃だともいわれている。このあたりの真相はいまだ解明されていない。

この市庁舎前のデモ以外にも、ウルムチ市内では各地でデモが起きていたようだ。当時のSNSのQQなどで情報が共有され、同時多発的に抗議活動が展開されていた模様。デモ隊への無差別発砲情報に、一部のデモ隊が暴徒化し、車両や家屋の焼き討ちや打ち壊しが発生。これに対し、武装警察が銃撃などで武力鎮圧を開始した。デモは夕刻から始まり、鎮圧は夜間を通じて行われた。新華社は死者192人、負傷者1721人に上ると報じた。

このウルムチでの事件は各地にも飛び火し、またデモ以降、ウイグル人の男性を中心に当局に身柄拘束されたと思われる〝失踪〟が相次いだ。治安部隊が若い男性を手当たりしだいに捕獲してトラックに詰め込んで移送する目撃情報がヒューマン・ライツ・ウォッチなどに寄せられている。この事件に関与したとして逮捕されたウイグル人は1435人以上で、事件直後には少なくとも9人に死刑判決が出ていた。

中国側は公式には「典型的な国外からの指揮による陰謀であり、〝組織的な打ち壊し、焼き討ちによる深刻な暴力事件〟だ」として、首謀者として亡命ウイグル人の活動家でウイグルの母と称されるラビア・カーディルの名をあげ、彼女が率いる世界ウイグル会議の陰謀だと主張した。ラビアらが広東省の工場暴力事件を使って新疆地域の独立派を煽り、デモを煽動した、としている。

これに対してラビア・カーディル側は、「デモは、中国のウイグル人に対する政策への不満が引き起こした」といい、もともとウルムチのデモは広東のウイグル人襲撃事件の公正な調査と処理を求める平和的なものであった、と主張している。

このウルムチにおける7・5事件の真相や規模は、いまもって解明されていない。平和的デモを行ったウイグル人学生ら知識層と、日ごろの圧政や差別、貧富の差の鬱憤をデモに乗じて発散させて暴れたウイグル庶民、そしてカシュガルやホータンから組織的に参加した独立派活動家の3つの勢力が連携せずにデモに参加していた、という見方(シンガポール華字紙『聯合早報《れんごうそうほう》』)もあれば、新疆地域で1950年代から存在する汎イスラム主義国際政治組織ヒズブ・タフリールが絡んでいるという推論も流れた。

いずれにしろ、グルジャ事件以来の大規模な犠牲者が出たウイグル人抵抗運動と鎮圧事件であり、事件後の7月7日、漢族のカウンターデモがウルムチで起きるなど民族の怨恨の対立が深刻化し、また北京の中央民族大学のウイグル人経済学者イリハム・トフティがネット上で「暴動を煽動した」容疑で身柄を拘束されるという事態にもなった。ただ、このときは1カ月後に釈放されている。

差別や搾取、格差拡大への不満が高じた庶民の怒りの爆発

中国がいうところの3つの勢力、すなわちテロリスト、分裂勢力（独立派）、宗教過激派が起こす「暴力テロ事件」はグルジャ事件、ウルムチ7・5事件の2つをピークに断続的に続いているとされるが、私が北京駐在時代に、それなりに背景を調べ、記事にしたウイグル人の「テロ事件」について率直な感想をいえば、いわゆるイスラム過激派のテロや東トルキスタン独立を求めての組織的蜂起というよりは、むしろ差別や搾取、格差の拡大に対する不満が高じた庶民の怒りの爆発の面が強いように感じている。

たとえば、2008年は「ウイグル・テロ」のラッシュ時期だった。3月のウイグル女性

による北京行き飛行機爆破テロ未遂事件、5月5日の上海バス炎上事件、7月17日の爆薬を積んだトラクターで温州の警察署を襲撃した事件、7月21日の昆明のバス爆破事件など、いずれも東トルキスタン独立派によるテロ事件とされているし、ETIMの犯行声明があるものもある。だが、同じような爆破事件、自爆事件は漢族もたくさん起こしているのだ。

漢族が行った場合、貧困が原因と報じられるが、ウイグル人が行ったこの種の事件は、国際テロ組織・東トルキスタン・イスラム運動が関わる〝イスラム・テロ〟といわれる。だが、こうしたウイグル人の破壊活動に本当に、独立運動のような政治的主張があるのだろうか、と私は疑ってしまうのだ。

2008年の北京五輪前は、中国の経済成長がそろそろピークを迎えつつあり、貧富の格差が広がって、富める者に対する搾取される者の恨みが極限にまで高まり「仇富」（金持ちに対する報復）事件が相次いだ。ウイグル人にとって仇《あだ》なす金持ち、搾取している敵は漢族である、と考えれば、本質は漢族の貧困テロ、仇富事件と変わりがない気がする。

ただ、世界では2001年の米国同時多発テロ9・11事件が発生して以降、米国の「テロとの戦争」宣言によって、イスラム過激派、いやイスラム世界全体を敵視するような空気が蔓延した。この国際社会に蔓延するイスラム過激派への敵視を中国は国内のウイグル人の民族政策、同化政策に利用し、貧困が原因の普通の暴力事件にテロリズムのレッテルを張っていたとはいえないだろうか。

豊富な天然資源や希少鉱物が利権の温床に

この貧富の格差の要因は、新疆には天然資源や希少な鉱物が豊富で、石油・天然ガス閥の利権の温床となったこと、その党中央への利権の窓口として派遣された王楽泉が、ウイグル人に対し厳しい圧政を敷き、やりたい放題の搾取を行ったことなどがある。

王楽泉は1991年に山東省から新疆に赴任、副主席からスタートして、1年後には副書記になった。94年に、10年間書記を務めていた石油地質専門家の宋漢良《そうかんりよう》が健康上の理由で休職後、95年に急遽、書記の座につき、生産建設兵団の第一書記も兼務した。

折しも江沢民政権下の1999年、中央経済工作委員会で「西部大開発」が打ち出され、

2000年の全人代で承認された。沿海部の都市との発展格差を埋めるために新疆ウイグル自治区、チベット自治区、甘粛省、貴州省、寧夏回族《ねいかかいぞく》自治区、青海省、陝西省、四川省、雲南省、重慶市などに対する外国企業の投資を税制優遇策などを使って誘致し、また中央企業に資源開発をさせ、青蔵鉄道など交通インフラ建設に取り掛かる、とした。

新疆地域では豊富な天然資源の開発に力が入れられた。タリム盆地から天然ガスを採掘し4000mのパイプラインを通して上海に送る総額555億元という壮大な「西気東輸」プロジェクトが国家発展改革委員会と中国石油天然ガス集団によって大々的に進められた。

一方、王楽泉はグルジャ事件の事後処理はじめウイグル人による〝暴力テロ活動〟に対して、容赦ない苛烈な取り締まりを行い、実際、1999年以降、ウイグル人による〝暴力テロ事件〟は激減した。その徹底した治安強化策が江沢民からいたく評価され、2002年には政治局員に出世し、新疆における江沢民利権の窓口の役割を担った。

また、江沢民政権の側近の曽慶紅は1980年代に中国最大の石油会社・石油工業会社シノペックの副総経理や石油部の要職を務めた石油閥の棟梁であり、王楽泉を新疆石油・ガスの代理人として、その利益を吸い上げてきた。王楽泉はこうして江沢民一派を儲けさせることで、通常2期10年で交代になる新疆ウイグル自治区の書記の座を、2006年以降の3期目も務めることになった。長期政権は地方独裁化を進め、自分の子飼いの部下たちを山東省から呼び集め、王楽泉の新疆王国と呼ばれるまでの利権構造を固めていた。

出稼ぎに行かされるウイグル人たち

西部大開発は沿海部の発展都市と内陸の少数民族地域の経済格差を縮小するための国家戦略という名目であったが、ウイグル人から見れば、漢族と漢族企業がウイグルの土地の石油やガスを奪い、沿海部の漢族の都市に持って行くという富の収奪と受け取られた。こうした大プロジェクトは、必ずしも地元のウイグル人たちの雇用にも役立っていなかった。2002年6月に、私も中国外交部の仲介で、タリム盆地の西気東輸プロジェクトの視察のツアーに参加したが、このとき、パイプライン建設の現場でインタビューしたエンジニアも労働者も漢族だった。

なぜウイグル人を雇わないのか、と現場責任者に聞くと、言葉の問題があるとのことだった。だがそのときの言い方は、ウイグル人は使いものにならない、という蔑視のニュアンスがにじんでいたように思う。

カラコルム砂漠のど真ん中で火炎と黒煙を上げ、大気をかげろうのように揺らしている巨大な天然ガス田の採掘施設や、竜の背骨のように砂の上に延々と横たわるパイプラインの鉄鋼管の列。そんな光景を見て、その地に昔から住んでいたウイグル人たちはどんな思いであっただろうか。故郷が開発の名のもとに激しく変容していくというのに、自分たちに何の恩恵ももたらされず、むしろ相対的に貧しさを実感させられることに、素朴な彼らが不安と怒りを覚えたのであろうことは、その地に縁もゆかりもまったくない外国人の私ですら、そこはかとなく感じることができた。

そして豊かな資源に恵まれた土地に生まれながら、現金収入となる仕事を見つけられないウイグル人たちは、遠く広東まで強制的に出稼ぎに行かされるのである。新疆ウイグル自治区にはどんどん漢族が入植し、漢族の党幹部は天然ガスやレアメタルの利権に群がって肥え太っているというのに、ウイグル人は広東省など沿海部の工場に駆り出され、働かされる。漢族だらけの異文化に放り込まれて差別され、ときに些細なきっかけでリンチを受ける。漢族の法や組織は彼らを守ってくれない。この矛盾に対する不満と怒りが、7・5事件を含むウイグル人の「テロ事件」の背景にあるのだろう。

いちばんの被害者は女性たち

ウイグル人の中国沿海部への強制労働移転政策について少し説明しておくと、いちばんの被害者は新疆南部出身の若いウイグル人の女性たちである。２００６年春以降、16〜25歳の結婚適齢期（ウイグル人は結婚が比較的早い）の女性を募集して強制的に東部の工場などに送り込む労働移転政策が本格的にはじまった。その数は5年計画で約40万人という。地方の幹部には女性募集数のノルマが課され、これに同意しない幹部は地位を剥奪されるという圧力を受けた。

このため、女性たちやその家族もこの政策に同意し、参加しないと、農地の没収や家屋の破壊などをちらつかせるような脅しを受け、実際より好待遇であるような甘言もあって、否応なく出稼ぎに行かされるケースが多いという。

中国メディアはこの政策を、新疆南部の貧困解消、ウイグル人女性たちの意識改革、文明化へのサポートと肯定的に報じていたが、実際は安い賃金で長時間労働を強いられる労働搾取だった、とUHRPなどに報告が寄せられている。彼女たちが工場との契約を破棄して帰ろうとすると、家族に巨額の違約金、罰金が課されることもあった。

また、結婚適齢期の女性を新疆ウイグル自治区外に連れ出す目的は、ウイグル人同士の婚姻を妨害する狙いもある、といわれている。適齢期のウイグル人同士の結婚によって生まれる生粋のウイグル人の増加を防ぎ、漢族との結婚を奨励してその血統と文化を希釈しようというこ とだ。こうした出稼ぎ先の工場で、レイプや漢族との強制婚といった問題も起きているとの報告もある。

わざと胡錦濤に知らせなかった?

こうした新疆地域の矛盾は、時に中央の権力闘争にも利用された。２００９年のウルムチ７・５事件発生時、当時の胡錦濤国家主席はＧ８出席のためイタリアに出発したばかりであったが、じつは当時の公安権力のトップで江沢民派の周永康（政法委員会書記）は、その情報を事前につかんでいたという説もある。周永康はわざと胡錦濤に知らせず、胡錦濤の足元を掬《すく》おうという魂胆だったという。

胡錦濤の留守に乗じて、７・５事件の発端である広東省の工場におけるウイグル人襲撃事件をうまく処理できなかったとして、当時の広東省書記で胡錦濤が信頼する部下の汪洋《おうよう》に全面的に責任を押し付けようとした、という見立てだ。汪洋は胡錦濤から「広東省における江沢民派の汚職を摘発せよ」という命を受けていたが、江沢民は胡錦濤、汪洋を牽制するためにて７・５事件を利用した、という。２０１２年の第18回党大会前の、胡錦濤派と江沢民派の権力闘争が最も激しい時期であったことが、７・５事件の結果をより悪化させたといえるかもしれない。

少数民族優遇政策という虚構

ウイグル人の迫害のもう一つの背景には、漢族庶民がウイグル人（だけではなく少数民族全体）に対してもつ根強い偏見と差別、嫉妬の感情がある。

漢族の差別意識は、いわゆる華人意識、つまり漢族が最も優秀で文明の華であり、徳が高く、その周辺の夷狄《いてき》・蛮族は華人によって感化されてまともになるのだ、という考え方から来る部分が大方だろう。だが同時に、その漢族よりも文明も徳も劣るはずの蛮族たちが自分たちより優遇されていることへの嫉妬もある。

漢族庶民たちは、ウイグル人が受ける厳しい迫害の話を聞いても、同情するどころか「中国の少数民族政策で彼らは優遇されている」と主張する。たとえば２０１５年まで続いていた1人っ子政策も少数民族であれば緩和され、大学受験にも少数民族に対しては加点があり、党幹部の出世も少数民族が有利なのだという。それなのに彼らは不満ばかりいっている、というわけだ。

たしかに胡耀邦が打ち出した「両少一寛」は２０１０年まで建前上、継続されていた。新疆ウイグル自治区の少数民族農牧民夫婦は原則３人まで産んでよい、条件が合えば４人まで産んでよい、ということになっていた。この１人っ子政策や大学受験の不平等は長らく漢族の不満の種であった。

だが、ウイグル人が受ける強制堕胎の実態のえげつなさを知れば、優遇政策を受けている、とはいえないのではないか。報道ベースでは２００５年の段階で、１人っ子政策による強制堕胎で失われたウイグル人の赤ん坊の命は３００万人と推計されている。ウイグル人はもともとたくさん子供を産む伝統がある。かつては10人前後の兄弟姉妹がいるのが当たり前だった。漢族より多い3子、４子目を許されていても、それ以上に妊娠してしまう。それを妊娠6カ月だろうが9カ月だろうが、漢族のやり方で厳格に強制堕胎を実施してしまうのだから、凄惨きわまりない。

1人っ子政策時代よりも厳しい産児制限に

ちなみに、辺境の農村の強制堕胎はウイグル人に限ったことではないが、麻酔も使わないし、衛生的な医療施設で行われるものでもなかった。民族問わず、多くの女性がこうした強制堕胎で健康を損ない、時に命を失ったのは、中国の1人っ子政策の闇の歴史だ。

だが、漢族はこうした政策を恨むよりも「もともと漢族よりも多く産むことを許されているのに、それ以上産むのか」という考え方で、ウイグル人に対する嫉妬を強めるわけだ。

また、新疆に漢族が増え、ウイグル人の〝テロ〟に怯えるようになると、条例で許されているはずの3子目、4子目も強制堕胎の対象になった。1991年の1年にカシュガルだけで432人の計画出産委員会の幹部が派遣され、1765人の女性が強制堕胎させられた。

2014年になると、ウイグル人と漢族が同じ産児制限を受けないのはおかしい、として1人っ子政策の優遇策は取り消された。いまは1人っ子政策は全国的に廃止され、2人っ子政策になっているが、ウイグル人に関していえば、1人っ子政策時代よりも厳しい産児制限になった、ということになる。

受験時の加点も、ウイグル人にしてみれば「母語で受験できない」という点を考えれば、多少の加点も、決してものすごく有利というわけではない。しかもいまや、自分たちの言語を使った教科書を編纂しただけで「国家分裂を煽動した」「学生たちを洗脳した」などといわれて逮捕される時勢である。受験時の加点よりも母語を使う自由のほうを認めてほしい、というのがウイグル人の本音ではないだろうか。

こうした少数民族優遇政策と現実のギャップに、漢族の見当違いな嫉妬と蔑視が混じった結果、漢族とウイグルの相互敵視は深まっていき、漢族社会に適合し、成功していたウイグル人ですらある日突然、逮捕されることにもなってきた。

失敗に終わったウイグル懐柔政策

7・5事件の背後に、胡錦濤政権VS長老・江沢民派の権力闘争があったことは先に触れたが、胡錦濤は何とか権力闘争をしのぎ、2010年にウイグル人から目の敵にされていた

〝新疆王〟王楽泉に事件の責任を取らせるかたちで解任。後継に信頼している張春賢を書記に任命、生産建設兵団第一書記も兼務させることになった。

胡錦濤は、7・5事件の本質は貧富の格差による漢族とウイグル人のあいだの仇敵意識だと考えて、張春賢にウイグル懐柔政策「柔性治疆」を取らせる。7・5事件以降、原則禁じられていたウイグル人の国際電話、インターネットの使用を解禁し、ウイグル人の民生問題や環境保護政策に力を入れた。

ゆるキャラ風書記を使ったSNSでのウイグル人庶民との対話も試みた。「反恐（アンチテロ）」といった言葉を極力使わず、過激化宗教や独立派、分裂派に対する恫喝めいたスローガンなども一時的に姿を消した。この「柔性治疆」政策はウイグル人知識人、中間層には高く評価され、この時期、張春賢は新疆ウイグル自治区誕生以来、最も開明的な指導者といわれた。

だが、結果からいえば懐柔政策は失敗に終わった。2010年以降、ウイグル人による暴力事件はむしろ増えてしまったのだ。とくに2011年7月30日には、カシュガルで男性2

人が信号待ちしていたトラックを奪って通行人に突っ込んだあと、車を降りて通行人を次々とナイフで刺すという事件が起きた。その翌日の31日には、5人組が飲食店を襲い、店長や従業員を刺したあと火を放ち、周辺でも4人を殺害した事件が起きた。連続した2つの「テロ事件」では、東トルキスタン・イスラム党が犯行声明を発表した。この事件で無辜の市民13人が死亡、40人が負傷し、容疑者7人のうち5人は現場で撃ち殺された。

高圧的な民族政策へ

こうしたいかにも国際テロ組織と連動したような事件が急増し、2012年、自治区内で起きた「テロ事件」は190件以上に上った。対ウイグル政策の失敗が顕著になった2012年、胡錦濤から習近平に政権が禅譲された。

習近平は、新疆ウイグル自治区のテロ急増の原因はウイグル人たちを甘やかした胡錦濤の失政と位置付け、張春賢にも柔性治疆から鉄腕治疆に改めるように要求。折しもチベットで陳全国が徹底したチベット人管理の政策を取り、成果を見せ始めていた。張春賢は自分の政治的将来のためにこれまでの懐柔策を放棄し、２０１３年から「刀狩り」「モスクの閉鎖」「髭禁止」といった高圧的な民族政策に切り替えていく。

だがそのやり方は中途半端で、むしろウイグル人のより苛烈な反発を引き起こし、２０１3年10月28日、天安門にガソリンを積んだ自動車が突っ込み炎上、自動車に乗っていたウイグル人家族３人と巻き込まれた観光客２人が死亡し、日本人を含む38人が負傷する衝撃的な事件が起きてしまうのだった。

さらに２０１4年３月１日に発生した昆明駅暴力テロ事件では、警官５人を含む34人が死亡、４月30日には習近平の命を狙ったのではないか、といわれるウルムチ南駅爆発事件が起きる。両方とも東トルキスタン・イスラム運動が関わっている、とされた。

習近平政権はここで「ウイグル人には絶対容赦しない」という強い決意のもと、第一章に紹介したような、21世紀の民族浄化ともいえる徹底的かつ苛烈きわまりない対ウイグル政策を展開していくのだった。

第三章

世界の大変局時代における鍵
——米中そして日本

「テロとの戦い」の標的にされたウイグル組織

中国のウイグル弾圧を加速化させた背景に、2001年の9・11事件があることは第二章でも触れた。この事件以降、米国は首謀者のオサマ・ビン・ラディン率いるアルカイダ、アルカイダを支援するアフガニスタンのタリバン政権、イラクに戦争を仕掛けた。

だが、この「テロとのグローバル戦争」が成功したかというと、米国ら西側同盟国を憎むイスラム過激派勢力は拡大。オサマ・ビン・ラディンは殺害したが、そのイデオロギーはむしろ拡大したし、サダム・フセインを殺害したが、その戦後処理のまずさが中東の混乱を引き起こし、IS勢力を拡大させた。

米国は「テロとの戦争」の名のもと、終わりなきイスラム地域への軍事介入の泥沼に入り込み、それを正当化するためにイスラム原理主義の過激派たちを、米国とその同盟国が形成する自由社会の「敵」と喧伝した。

この米国が始めた「テロとのグローバル戦争」が本当に自由と正義のための戦いであった

かどうか、論じることができるほど私には知識がない。一ついえることは、中国は、この米国の「テロとの戦い」宣伝を、自国内のウイグル弾圧の正当化に大いに利用したということだ。

文化大革命に対する抵抗

中国のいう「東トルキスタン・イスラム運動」（ＥＴＩＭ）「トルキスタン・イスラム党」（ＴＩＰ）は２００１年の９・11事件後に、中国政府にテロリスト組織として指定された。翌年の２００２年８月、駐キルギスの米国大使館に対するテロ計画が発覚し、９月11日、国連のテロリスト・リストにも加えられた。米国としてもテロリスト・リスト（特別指定国際テロリスト＝ＳＤＧＴ）に「１３２２４行政令」をもって加え、国連のリスト入りにも支持を表明している（ただし米国人を狙ったものではないとし、米国務省が指定する外国テロリスト組織＝ＦＴＯのリストには入っていない）。ＳＤＧＴリストにはいまなお入っている。

ではＥＴＩＭ、あるいはＴＩＰとはどんな組織なのか。学者によっては、そんなテロ組織は存在しないという意見もある。組織というよりは、東トルキスタン独立というイデオロギーに感化された普通のウイグル人のあいだに広がった社会運動のような〝現象〟と捉える人もいる。中国がウイグル人を弾圧するために、あたかも国際テロ組織のようにでっち上げているのだ、という見方がある。

中国版ウィキペディアを参考にすれば、その起源は清朝時代にコーカンド・ハンの支持のもと、1820年から1857年までのあいだに8回の聖戦を行ったカシュガル・ホージャにさかのぼるという。その後、2度にわたって東トルキスタン・イスラム共和国の樹立を宣言するも、1949年に中華人民共和国に制圧されたが、民族旧軍部が集結し、ホータンなどで蜂起を繰り返してきた。

1960年代に入り、中ソ関係が悪化すると、ソ連がこうした新疆の民族独立運動を利用するかたちで煽動、イリ、グルジャなどで大量の民族逃亡が起きたが、彼らがのちの東トルキスタン・イスラム運動の幹部たちになったという。ソ連はカザフスタンのタラスやウズベキスタンのサマルカンドあたりに軍事訓練施設をつくり、中国から逃れてきたウイグル人やカザフ人をスパイとして訓練し、中国に潜入させ、分裂活動や諜報活動に当たらせた、という。第二章でも触れた１９６２年の５・29事件は、ソ連が育て上げた工作員、「ウイグルスタン」組織のリーダー、アブド・カーディルが画策したといわれている。

１９６６年に文革が始まると、紅衛兵たちがモスクを閉鎖し、ムスリムたちに豚肉食、参軍、入党の強要などを行ったために、ウイグル人たちの抵抗は強烈になった。１９６８年に「ウイグルスタン人民革命党」が結成され、翌年に「東トルキスタン人民革命党」に改名、このころ、天山ウラルといった小組織の名前も登場し、５０００人規模の蜂起を画策するも不発に終わったという。

文革直後、胡耀邦の束の間の民族自決政策が挫折したのとほぼ同時並行でソ連のアフガニスタン侵攻が起き、そうした国際情勢を背景にウイグル人のムスリムとしての覚醒が進んだといわれる。やがてソ連の崩壊のなかで西トルキスタンにあたる地域が独立していくと、中国で抑圧されているウイグル人のナショナリズムも盛り上がっていき、いくつもの活動組織ができたようだ。一般にＴＩＰ、ＥＴＩＭと呼ばれる組織は１９９７年にハサン・マフスームとアブドゥカディル・ヤプチャンが結成したとされる。

ウイグル人迫害、圧政を〝テロとの戦い〟と正当化する

中国の報道ベースでいえば、設立当初はタリバン政権下のアフガニスタン・カブールに拠点を置き、その後拠点はパキスタンに移った。1999年にオサマ・ビン・ラディンがETIMに対して資金援助を約束。1000人以上のテロリストをアルカイダのキャンプで訓練し、新疆に潜入させてテロ活動を行わせたとしている。ただ、ハサン・マフスーム自身は2003年にRFAに対して発表した声明で、アルカイダやタリバンと無関係であることを主張している。ハサン・マフスームは2003年にパキスタン政府軍に殺害された。

文革中から90年代は、ウイグル人に対する中国共産党の抑圧と、ソ連のアフガン侵攻と泥沼化、ソ連の崩壊、その一方での米国の対ソ政策としてのムジャヒディン支援、タリバンの台頭といった動きが、東トルキスタン独立運動を活発化させる背景となったといえる。

そして21世紀早々、9・11事件が起きたことにより、旧ソ連という大きな対象を失ってい

た米国の敵意は、自ら育ててきたイスラム過激派テロ組織に転換していくのだが、このときウイグル人組織が米国の仮想敵に含まれてしまったことがウイグル人の悲劇だといえる。中国共産党がウイグル人に対する迫害、圧政を〝テロとの戦い〟として国際社会に向けて正当化する口実を与えることになったのだ。

こうして、新疆ウイグル自治区内および中国内で起きたウイグル人の暴力破壊事件は、ほとんどＥＴＩＭやＴＩＰの仕業ということで、中国はこれらの事件の鎮圧、あるいは予防をすべて反テロ活動として正当化していった。もちろん、ＥＴＩＭやＴＩＰが声明を出しているケースもある。だが、とても国際テロ組織が関与したとは思えないような貧困や抑圧が原因の、中国でよくある農民の無差別破壊事件に思えるものでも、中国側がＥＴＩＭやＴＩＰの名前を出して国際テロ事件として発表するケースも多々あった。

中国側は、事件の概要や被疑者の裁判記録を公に発表することがほとんどないうえに、報道の自由がないために、メディアが事件を検証して論評することができないため、真相の分からないものが圧倒的に多いのだ。

さらに中国は、明らかにテロ組織ではないものもテロ組織扱いしている。たとえば、2004年にミュンヘンで結成された世界ウイグル会議（WUC）も、中国にいわせればテロ組織ということになる。

WUCは、亡命ウイグル人たちによる東トルキスタン民族会議と世界ウイグル青年会議が合併してできた組織だが、WUCの前身の2つの組織は、2003年に中国が公式に認定するテロ組織だった。WUCの初代議長はドイツ在住のウイグル民族活動家のエルキン・アルプテキン。彼の父親は、東トルキスタン共和国の秘書長を務めた著名な民族活動家のエイサ・ユスプ・アルプテキンで、解放軍の新疆侵攻のときにインドに亡命、その後、トルコで没した。エルキンはイスタンブールでジャーナリズムを学んだあと、ドイツのラジオ局での職を経て、西洋社会に向けてウイグル民族運動ロビーを展開してきた人物だ。

WUCは2006年に中国から米国に亡命してきたラビア・カーディルが2代目議長に、2017年にはドルクン・エイサが3代目議長に就任。一貫して非暴力と高度な民族自治を主張する穏健な組織だ。だが、ドルクン・エイサは青年会議時代の2003年に中国からテロリスト指名され、国際刑事機構（ＩＣＰＯ）からレッド・ノーティス（国際指名手配）を2018年2月に取り消されるまで出され続けていた。

世界ウイグル会議についても、中国は2009年の7・5事件のとき、当時の議長であったラビア・カーディルが「大きなことを起こそう」とインターネットで呼びかけて煽動したとして、7・5事件の首謀者扱いをしている。中国社会科学院新疆発展研究センターの馬大正主任にいわせれば、ＷＵＣもラビアも、米国議会の一部議員や全米民主主義基金（ＮＥＤ）の支援を受けて中国国内の分裂を画策する札付きの分裂分子、ということになる。

このころから、中国は「旧ソ連を敵視していたころの米国がムジャヒディンを育てていたように、いまは中国を敵視しているのでＷＵＣなどを支援し、中国の分裂を画策している」という論法を展開するようになった。米国はウイグル人を利用して中国の分裂工作を仕掛ける「敵対的外国勢力」で、ＷＵＣは敵対的外国勢力と結びついて中国分裂のために暗躍している、かつてのタリバンと同じである、と。

この考え方は、習近平政権が登場し、トランプ政権との米中新冷戦構造の先鋭化のなかで、よりはっきりと打ち出されていく。中国の目から見れば、米国の敵は旧ソ連からイスラム・テロに代わり、トランプ時代になってから最大の敵意が中国に向かいつつあるなかで、ウイグル問題を使って中国内部分裂を画策しようとしている、と考えているようだ。

「信仰は弾圧されるほど原理主義的に」

米国の「テロとの戦い」の空気を利用するかたちで、中国のウイグル人迫害はエスカレートしていった。折しも中国経済奇跡の2桁成長時代と時期が一致していたため、中国経済の牽引力に期待していた国際社会には、あえてウイグル弾圧を見て見ぬふりをしてきた部分もあった。このことは普通のウイグル人の孤立感を募らせ、原理主義に走らせることにもなったかもしれない。そう指摘するのは、チベット人権活動家のツェリン・オーセルの夫で、ノンフィクション作家の王力雄《おうりきゆう》だ。王力雄は妻の影響を受けて、中国の民族問題への理解が深く、ウイグル問題についても『私の西域、君の東トルキスタン』（王力雄著、劉燕子監修、馬場裕之訳、集広舎）などの著書がある。

2014年ごろ、王力雄が私にこう語ったことがある。「昔は中央民族大学のキャンパスを歩いても、ウイグルの女の子たちはジーンズにTシャツの漢族と変わらないファッションをしていた。だが最近は、ベールの女の子が目立つようになっている。信仰は弾圧されればされるほど、原理主義的になる。東トルキスタンの独立なんて考えもしなかった若者が、いまは『理想はムジャヒディンになった』というんだ。問題の根源は中国の民族政策の過ちにある。中国の政策が彼らを追いつめ、自国の安定を損なっている」。

たしかに北京五輪前はまだ、新疆地域の多くの中国人は漢族とうまく付き合いながら平和で安定した暮らしを望む人が多かった、というのが私の体感でもある。王力雄も、独立などを掲げて騒動を起こす一部の過激派をむしろ迷惑がる人のほうが多かったという。だが、穏やかな信仰すら奪われ、どんなに望んでも平和な暮らしなど送れないと絶望してしまったら、もはや戦う以外の選択肢がなくなってしまう。

習近平政権が始まるころ、ウイグル人が国境を越えてトルコ経由でシリアに赴《おもむ》き、義勇軍として戦闘やテロに参加しているというニュースが報じられはじめていた。国内でコーランを読むことすら許されないウイグル人たちは、信仰の自由をもとめて密航する。トルコの情報部は彼らを大量に受け入れ、そのうち若い男たちをムジャヒディンとして教育し、シリアに送り込んでいるという。「国境を越えたところで、トルコのパスポートや書類を用意して待っている人が大勢いる、と聞きました。トルコもずるいんです。自国民を戦闘地域に送り込むより、立場の弱いウイグル人を送り込んで、シリア内戦に干渉しようとしている」と知りあいのウイグル人は国際社会の底意地の悪さを指摘していた。

普通のウイグル人をテロに走らせる

『毎日新聞』(2016年1月3日付)に掲載のシリアからのルポは、トルコ経由でシリアに渡り、戦闘経験を積んだのち、いつか中国に戻り、漢族に報復しようと考えているウイグル人15人を取材している。ある人物は密航ブローカーの手引きでラオス、タイ、マレーシアを経由しトルコに亡命し、シリア北部アレッポに拠点を置くTIPシャム支部で軍事訓練を受けたという。70日間の軍事訓練後、実戦に参加したという。

このようなウイグル人がシリアには1万8000人ほどいて、アルカイダやヌスラ戦線に参加し、戦闘経験を積んでいる、といわれている。2017年3月1日のAFPによれば、イスラム過激派組織ISに参加するウイグル人戦闘員が、ウイグル語で「人々が言っていることを理解できない中国人ども！　われわれはカリフ制国家の兵士だ。お前らの下に行き、われわれの武器を使ってはっきりさせてやる。川のように血を流し、虐《しいた》げられた人たちの復讐をする」と中国に対して宣戦布告するビデオを2月27日に流したという。

こういう状況が、ますます中国のウイグル人弾圧が「テロとの戦い」という建て前によって正当化されてしまう状況を産んでいる。中国の弾圧が、普通のウイグル人をテロに走らせ、さらにウイグル人弾圧を正当化させてしまうという、中国に都合のよい〝負のスパイラル〟に陥りかけている。

米中新冷戦のカードとなったウイグル人の人権問題

ここで一筋の希望は、トランプ政権に入って、米国の対中政策が大きく転換してきたことだ。これに伴い、国際社会のウイグル問題に対する空気が大きく変わってきた。トランプは、ウイグル問題を人権問題として対中包囲網の牽制カードに使いはじめた。２０１８年７月26日に、ペンス副大統領は「中国政府は、数十万人、もしくは数百万人の規模でイスラム教徒のウイグル族を再教育施設という場所に収容している。信仰と文化的な帰属意識を失わせようとしている」とワシントンでの講演で訴えた。

米議会の超党派の議員は８月末、弾圧を主導していると見られる新疆ウイグル自治区書記の陳全国ら７人の中国当局者に対し、グローバル・マグニツキー法に基づいて、米国内の資産凍結や入国制限を発動するよう求める書簡をポンペイオ国務長官、ムニューシン財務長官に送った。これに対し、２０１８年９月22日にはポンペイオは「数十万人、事によると数百万人のウイグル人が、いわゆる再教育キャンプに強制的に収容され、重度の政治的な洗脳をはじめとする虐待に耐えている」と言及している。

また同じころ、『ニューヨーク・タイムズ』『ワシントン・ポスト』『ウォール・ストリート・ジャーナル』など米大手紙が、ウイグル人の強制収容問題ほかを取り上げ、弾圧・迫害の実態を訴える報道がこれまで以上の頻度と量で流れ始め、国際世論を喚起し始めた。2019年3月に米国務省が発表した「世界各国の人権状況報告」では、中国によるウイグル人弾圧を現在進行中の全世界で最も大規模で、残酷な人権弾圧だとして非難している。この報告を担当した国務省人権民主局のマイケル・コザックは「1930年以降、このような状況は見たことがない」とコメント。つまり、習近平政権下のウイグル人弾圧がナチス政権下のユダヤ人迫害に匹敵する、ということだ。

およそ人権などに興味のなさそうであったトランプ政権が、ウイグル人の人権問題についてここまで踏み込んでくるのは、米中の新しい冷戦において、これが重要な切り札の一つと考えているからだ。中国が指摘するように、米国の最大の敵は旧ソ連からイスラム・テロになり、いまはその矛先が中国に向かっているからこそ、いままで米国の敵扱いしていたウイグル人を利用し始めた、ともいえる。だが、大国の狭間で翻弄され続けた少数民族にとっては、これは救いであり希望といっていいだろう。

〝一帯一路〟は中国監視社会の雛型である

米中新冷戦とは、たんなる経済・安全保障上の覇権争いというだけでなく、新たな国際秩序や価値観の枠組みの再編成に関わるヘゲモニー争いであるという認識がある。異なる価値観・文明の衝突という見方は、米国のみならず、中国側も言及している。

そして、その異なる価値観を端的に表しているものは法治、民主、自由に並び、人権の概念だ。米国は、人権を法治と民主で守る開かれた自由社会の代表として、中国共産党が完全に指導・監督・支配する閉じられた監視社会に対抗するという立場を国際社会に喧伝し始めた。そのために人権問題、とくにウイグル問題を一つの象徴として取り上げたといえる。

そこには、中国の閉じられた監視社会の一つの雛型が〝一帯一路〟であり、一帯一路の要《かなめ》の土地となる「新疆ウイグル自治区」で起きている問題で、ということも関係ある。新疆、つまり東トルキスタン地域は、米国がこれまで長年、戦争というかたちで干渉し続けてきた中東と同じく、国際社会のパワーバランスを左右する要衝の地だ。そこに隣接するカザフスタンはロシアにとっては戦略的石油・ガス・パイプラインの交差点。この地から迫害に耐えかねたウイグル人がトルコ経由でシリア内戦に参加している。

米中冷戦構造の勝敗を決する要因の一つの「一帯一路」の成否は当然、ロシア、米国、トルコなどの利権が絡む複雑な中東情勢、中央アジア情勢にダイレクトに影響してくる新疆地域の安定にかかっている。

中国が新疆におけるウイグル人支配にいま、ことさら力を入れているのは、この地を制することが一帯一路の成功の鍵であり、一帯一路から、世界に中華圏を拡大し、ロシアやトルコを牽制し、対米へゲモニー戦争に勝利しようという目標があるからだ。

米中新冷戦構造の中にはいくつもの戦いのフェーズがある。米中貿易戦争や5Gをめぐる通信覇権競争、軍拡競争、台湾や半島をめぐる戦い……。だが、これらの戦いの枠組みは、大きく見ると中国の主導する「一帯一路」VS米国の主導する「開かれたインド太平洋戦略」の構図のなかに括《くく》ることができる。つまり、ウイグル問題は価値観の問題だけでなく、地政・地縁的にも、米中双方にとって譲れないテーマといえるだろう。

見ないふりをするイスラム国家

一帯一路とウイグル弾圧の関わりでもう一つ触れなければならないのは、中東や中央アジアのムスリム国家の姿勢だ。2019年4月25〜27日に北京で開催された第2回一帯一路国際協力サミットフォーラムは第1回を上回る37カ国首脳が参加したほか、150カ国から5000人が集まったわけだ。参加国の中で、ほとんど誰も、このフォーラムの席でウイグル問題を取り上げることはなかった。

一帯一路に関しては、「債務の罠」だとか「中国版植民地主義」といった批判はたしかに2018年にかなり盛り上がり、「一帯一路」ブランドを傷つけることになり、中国はそのイメージ改善に向けてかなり前向きな努力をアピールしている。しかし、中国が一帯一路の起点である新疆の治安を維持するために、平穏に暮らしていたウイグル人まで〝再教育〟施設に強制収容している状況について、日本を含めて一帯一路を支持する西側国家は言及しなかった。それどころかカザフスタンやキルギス、パキスタンといったイスラム国家は、一帯一路の果実を得るために、中国のイスラム弾圧に目をつぶっている状況だ。

サミットにはカザフスタンのナザルバエフ前大統領、キルギス、パキスタン、アゼルバイジャン、タジキスタン、ウズベキスタン、エジプト、ジブチの大統領、首相ら中央アジア、アラブのイスラム国家の首脳も大勢参加した。彼らが習近平と会談したとき、ウイグル問題に言及した、という話は聞いていない。中国のウイグル人迫害について正面から言及してきたトルコのエルドアン大統領は、2年前の第1回フォーラムには参加していたが、今回は欠席した。トルコはウイグルと同じチュルク系民族国家であり、中国の〝再教育施設〟に収容されている、トルコでも人気のウイグル民族音楽家アブドゥレヒム・ヘイットの死亡説が流れたときには、中国のウイグル人強制収容問題を「人類の恥」と激しい言葉で批判した。

だが、同じイスラム教を信仰していながら、トルコを除いてほとんどのイスラム国家がウイグル問題について見ないふりをしている。それどころか素晴らしい政策、と肯定する国もある。

たとえばパキスタン。中国からすでに190億ドルの投資を受け、エネルギー施設やインフラ建設を中心とした中国・パキスタン経済回廊建設を進めるも、債務返済が事実上不可能となって借金漬けの中国植民地状況だ。チャイナマネーで整備されたグワダル港は、すでに中国に43年間の租借権を担保に取られた。カーン首相は中国への経済依存から脱却することを期待されて選挙で選ばれたが、いまのところそれはかなっていない。カーンは3月、『フィナンシャル・タイムズ』紙のインタビューでウイグル問題について問われ、「はっきりいって、あまりよく知らない」と、この問題に深入りすることを避けた。

パキスタンにとって中国のウイグル弾圧問題がまったく他人事かというと、そうではない。国境付近の町ではパキスタン商人がウイグル人女性を妻としていることも多いが、夫が不在のあいだにウイグル人妻が再教育施設に収容されて、行方不明になる事件が続出している。ウイグル人妻たちが強制収容されたのは、パキスタンから電話などを受けていることが理由となっているので、本来ならパキスタン政府からこの不当拘束について抗議があってしかるべきではないだろうか。

だがパキスタンは中国にすり寄り、これに対してグワダルでは中国人を標的にしたテロが激化する、という悪循環に陥っている。ちなみにグワダルの中国人を標的にしたテロは、地元バルチスタンの独立をめざす武装組織ＢＬＦが犯行声明を出しているので、ウイグル問題と切り離して考えるべき、という意見もあるのだろうが、中国の横暴が一帯一路沿線に拡大して民族運動も飛び火する、という意味ではつながっている。

ますます高まるカザフスタンの中国依存

カザフスタンも同じである。今回のサミットで「中国・カザフスタンエネルギー生産・投資協力計画」に調印し、カザフスタンの中国依存はますます高まっている。習近平とナザルバエフは会談し、中国とカザフスタンの〝厚い友好関係〟を強調、ナザルバエフは習近平から友誼勲章までもらった。

だが、新疆地域で多くのカザフ人が再教育施設に収容されている事実を彼らも知らないわけがない。実際、カザフスタン国籍のオムル・ベカリが、トルファンの実家に里帰りしたとき、再教育施設に収容され8カ月間、手ひどい虐待を受けたのちにようやく釈放された例などは国際社会も大きく報道している。同じようなカザフ人の告発は実名、匿名を含め多くメディアに報じられている。

新疆ウイグル自治地区イリ・カザフ自治州の国境の町コルガスは、「一帯一路」の中央アジアに抜けるモデル玄関口であり、中国とヨーロッパを結ぶ定期貨物列車（中欧班列）1日6本が税関検査を受ける辺境貿易の町でもある。

物流交易がこれほど盛んになっているにもかかわらず、国境の内と外では、ムスリムの身の安全も自由度も違う。一歩、中国に入れば、ベールを被ることも髭を蓄えることも「過激化の疑いあり」と強制収容の理由になる。だから、この地域に住む多くの中国国籍をもつカザフ人はカザフスタンに移住、帰化したいと思うが、法律にのっとってカザフスタン籍を取ったあと、中国国籍を放棄するためには再び中国に入国して手続きしなければならない。

このとき、中国で二重国籍だとして身柄を拘束され、「再教育施設」に収容される例もあるそうだ。

最近になって、中国はカザフ人に対しては、捕まえるよりカザフスタンに〝追い出す〟方向に政策の舵を切っているようで、2018年12月に新疆ウイグル自治区内のカザフ人2000人にカザフスタン国籍取得を認めたという。このことについては、楊海英（静岡大学教授）が『ニューズ・ウィーク』（ネット版、2019年1月26日）に、中国がウイグル人とカザフ人に対する対応を変えることで自治区内の両者の分断を図っている、と批判している。

こうした自国民の安全問題が起きているにもかかわらず、カザフスタンのアタムクロフ外相は2019月3月に訪中して王岐山《おうきざん》・国家副主席や王毅《おうき》外相と会談したとき、一帯一路政策を持ち上げるために、新疆の再教育施設政策を「テロリスト勢力と宗教の原理主義をなくすために国際社会への参考になる」と絶賛してみせた。カザフスタンメディアは報じていないが、ラジオ・フリー・アジア（RFA）などは批判的に報じている。このときネット上では、中国はイスラム国家に対し一帯一路枠組みでの援助をするかしないかは、中国のウイグル「再教育」政策に対するイエスかノーを踏み絵にさせて決めているのではないか、という嘲笑的なコメントが多く流れた。

進む「中国・アラブ園港互聯」構想

サウジアラビアのムハンマド・ビン・サルマン皇太子が2019年2月に北京を訪問し、習近平と会談したときも「中国が権力をもって国家安全維持のためにテロリズムと宗教原理主義に対抗するやり方をサウジアラビアは尊重し支持し、中国と協力を強化していきたい」と語っている。

サルマンはこのとき一帯一路を共に建設していくことを支持し、サウジアラビアの経済改革計画ビジョン2030と「一帯一路戦略」をリンクさせて進め、両国の実務協力をさらに深化させることを打ち出した。中国はサウジアラビアにとって最大の貿易パートナーで、2018年は毎日160万ガロンの石油をサウジから購入している。最大の〝お得意さま〟中国の機嫌を取るためなら、中国の宗教弾圧を見て見ぬふりをするどころか、加担するぐらいのことはやるということだろう。

一帯一路サミット直前の4月17日には上海で第2回中国・アラブ諸国改革発展フォーラ

ムが開催され、その場で中国はアラブの17カ国と一帯一路協力文書に調印し、すでに12カ国と全面的戦略パートナーシップまたは戦略パートナーシップを樹立したことが明らかにされた。新華社によれば、フォーラムには中国とエジプト、レバノン、オマーンなど10カ国の政治、学術、ビジネス界の代表100人余りが出席し、一帯一路建設における相互発展繁栄について討論された。このフォーラム上で、「中国・アラブ園港互聯」構想が進展していることが紹介された。アブダビ、スエズ、ジーザーンなどで共同建設中の産業パークと近隣の港湾を連結させて、産業集積と波及力を高めるのが狙いという。

とくに、中国・エジプトスエズ経済貿易協力区では地元で3000人以上の雇用を創出しており、構想圏全体の雇用創出はすでに3万人以上という。エジプトは中国にすり寄るあまり2017年、自国内のウイグル人留学生を中国の要請に従って身柄拘束し、中国に強制送還している。拘束者は少なくとも200人ともいわれており、ヒューマン・ライツ・ウォッチはじめ国際人権組織が批判の声を上げていた。

習近平が一帯一路戦略を最初に提唱した場は2013年9月、カザフスタンの古代シルクロードのオアシス都市アスタナ（現ヌルスルタン）だ。中国、カザフスタン、キルギス、ウズベキスタンをつなぐ高速道路、鉄道と天然ガス・パイプライン計画を包括した中国による中央アジア支配をイメージしていたようだが、この時点で、中国は新疆ウイグル自治区におけるウイグル人完全同化政策を決意していたようだ。

中国の6分の1という広大な新疆地域は、イスラム過激派テロ組織を国内に多く擁するパキスタン、アフガニスタン、タジキスタン、キルギスタン、カザフスタンと国境を接する。一帯一路で交通インフラをつなげば、下手をすればむしろ新疆地域に過激派を呼び込むことにもなりかねない。

だが逆にいえば、この地を中国として完璧にコントロールできれば、中国とアジア、ヨーロッパ、アフリカを中国主導で連携し、その沿線国における支配力と求心力を高めて中国を中心とする〝運命共同体〟を構築できる。それが習近平の掲げる「中華民族の偉大なる復興」という強大な地域覇権構想のモデルである。

だからこそ、米国としてはウイグル問題を梃子《てこ》に、中国と中東、中央アジアの結束を揺るがせたいのかもしれない。

ウイグル人にノーベル平和賞を

こうして考えてみると、ウイグル問題とは、じつは一民族の存亡の問題というだけでない。そこには、世界の未曾有の大変局時代における鍵となるテーマとして米国、中国、そしてロシアやトルコや中央アジア、中東地域の野心、思惑、皮算用が絡んでいる。この大変局のシャッフルを通じて、次なる時代のルールメーカーが選び出され、秩序圏が構築されるゲームがすでに始まっている。

その主なプレイヤーの2国が米中だ。場に切られるカードの一枚がウイグル問題ということになるが、ウイグル人当人たちにとって、一方的に切り札扱いされるとは、これほど難儀なことがあろうか。この1世紀近く、大国の思惑と国際情勢に翻弄され続け、国を失い、どれだけの血を流し、屈辱と辛酸を舐めてきたことか。そしていまや、民族の伝統と歴史と文化、言語すら抹殺されようとしている。

日本やEU各国などは、ゲームに直接参加するというよりは、米中どちらの尻馬に乗るか、というようなかたちでいまのところ参加しているわけだが、もしウイグルカードが切り捨てられそうになるなら、何がしかのアクションを起こすべきではないだろうか。米中が己の勝利のために、ウイグル人の命を粗末に扱うような戦略を立てようとするなら、たとえ勝ち馬に乗れる勝負であっても、それに待ったを掛けたい。

当然、米中プレイヤーたちにウイグルカードを大切に扱え、捨てるな、死守せよ、とプレッシャーをかけるのも一つの方法だ。だがもう一つ、ウイグルカードをプレイヤーたちが大切に扱わざるをえない状況を作る方法がある。私は今年のノーベル平和賞にウイグル人関係者が選ばれることが、ウイグル問題カードに一つの大きな力を付与することになる、と思っている。

ノーベル平和賞が〝政治ショー〟にすぎないことは誰もが承知しているが、それでも、その権威と影響力はまだ地に堕《お》ちてはいない。チベット仏教の最高指導者、ダライ・ラマ14世がノーベル平和賞を受賞したことで、中国が分裂主義者と批判する声を抑えて、調和の象徴として世界に認識されるようになり、チベット問題に対する好意的な国際世論を形成する一つの力となった。同じ効果をいまこそウイグル問題にも与えられないか。少なくとも、米中双方から蔑《ないがし》ろにされないくらいに、カードにプレミアをつけるぐらいの意義はあるだろう。

そして、ウイグル問題のアクティビストのなかには、ノーベル平和賞を受賞するに足る資格を有する人物は大勢いる。その筆頭はラビア・カーディルであろう。

「ウイグルの母」ラビア・カーディルの逮捕

ウイグル人権活動家として「ウイグルの母」とも呼ばれるラビア・カーディルは、もともとは中国の漢族社会における成功者だった。１９４７年生まれの彼女は文化大革命中、投機的な商売をやったとして、批判闘争あるいは批闘（文革における〝つるし上げ〟）の対象となり、共産党員だった最初の夫と離婚。文革後はアクスで洗濯屋を始め、貯めた３０００元の資金を元手に改革開放の波にうまく乗って、ウルムチで不動産業や民族服飾の小売りで成功。ソ連崩壊後、中央アジアとの辺境貿易でさらに蓄財し一時は資産2億元、中国長者番付

5位にまで上ったことのある大実業家となった。1993年には政界に進出し、全国工商業連合会の推薦を受けて政治協商委員（参院議員に相当）となった。

1995年に北京で世界女性会議が開催されたときは、中国人女性代表として出席。新疆ウイグル自治区商業連合会副主席、新疆ウイグル自治区女企業家協会副会長などの要職も務めた。ウイグル人女性の経済的自立のための事業に投資を行う「千の母親運動」を推進するなど、慈善家としても高い評価を得ていた。

だが、1996年に雲行きが怪しくなる。当時の夫で、作家のシディク・ハジ・ロウジが漢語翻訳書籍をウイグル語翻訳で出版し、またウイグル人が中国で不当な扱いを受けているとの告発をかつて行ったことが問題視された。身の危険を感じたシディクは米国に亡命。

ラビアはこのとき夫を批判することを拒絶し、政治協商会議の席でウイグル人が漢族に抑圧されていることを批判的に訴えた。彼女はその後、政治協商委員およびその他の公職から解任された。1999年8月13日、ラビアはウルムチに滞在中の米国議会議員助手に面会しようとしたとき、逮捕された。国外組織に違法に国家情報を提供したとして、2000年に懲役8年の判決を受けた。ラビアほど漢人社会で成功したウイグル人までが逮捕されてしまったことは、象徴的な事件だったかもしれない。

彼女に対する迫害は国際社会からも注目を浴び、獄中でラフト人権賞を受賞。アムネスティ・インターナショナルなどの国際的人権団体や米国政府の働き掛けと、五輪に向けての国際イメージダウンを気に掛けていた胡錦濤政権は、2005年3月14日にラビアを「国外での病気治療」の名目で釈放、ラビアは米国に亡命した。2006年から世界ウイグル会議（WUC）の2代目議長となり、ウイグル人権問題の象徴的人物となった。

中国政府はラビアに対する見せしめに、中国に残り貿易会社を経営していた息子たちを脱税容疑で逮捕したが、そうした圧力に屈することなく、2017年にWUC議長の地位をドルクン・エイサに譲ったあとも、特別指導者として独自のカリスマ性を発揮し、ウイグル人の迫害問題を世界に訴え続けている。

中国政府は、ラビア・カーディルがウルムチの7・5事件はじめ中国国内で発生している「ウイグル人によるテロ事件」の首謀者、煽動者だと批判しているが、その証拠は一つも提示されていない。ラビア自身は、非暴力を訴え、中国の少数民族政策の見直しと高度の自治を求めている。彼女はこれまでも何度かノーベル平和賞にノミネートされている。

あるいは世界ウイグル会議（ＷＵＣ）という組織としての受賞でもいい。議長のドルクン・エイサは２００３年から２０１８年までＩＣＰＯからレッド・ノーティスを受けていた人物だ。１９６７年に新疆ウイグル自治区のアクスで生まれ、新疆大学で物理科学を学ぶ英才だったが、１９８８年に民主運動の学生リーダーとして反政府デモを組織したがために、卒業直前に大学を除籍となった。

その後、当局の監視下で軟禁状態だったが、94年に出国、トルコ経由でドイツに亡命。96年に設立した亡命ウイグル青年たちの組織、世界ウイグル青年会議に参加し、ＷＵＣの３代目の議長となった。世界ウイグル青年会議は東トルキスタン民族会議とともに２００４年にＷＵＣに統合され、より平和的なバランスの取れた組織として国際社会に認知されるようになった。

ドルクン・エイサは２００６年にはドイツ国籍を取得し、２０１７年にラビア・カーディルからWUC議長の座を受け継いだ。中国からテロリスト指名されている彼は、母親アヤン・メメットを2017年春から「再教育施設」に収容され、2018年5月にその母は78歳で収容所内で死亡している。だが、そうした中国からの非道な仕打ちを受けながらも、人権擁護と高度な民族の自治という穏健的な主張を揺るがさない。WUCがもしノーベル平和賞を受賞すれば、ウイグル人に、捨て身の戦い以外の方法で、自らの民族の誇りと信仰と平和な暮らしを取り戻すことができるという希望を与えることになるのではないだろうか。

あるいは、いま中国にいる良心のウイグル人囚人たちへの授与という方法もあるのではないか。ウイグル人学者・知識人の場合、投獄中の人物があまりにも多いため、中国の民主化運動家を代表して獄中にいた劉暁波のようなシンボリックな人物を誰か一人、選び出すのはなかなか難しいかもしれないが、たとえば2014年9月に国家分裂罪で無期懲役判決を受けて服役中の元中央民族大学教授のイリハム・トフティや、執行猶予付きの死刑判決を受けて服役中の元新疆大学学長のタシポラット・ティップのような国際的に知名度のある学者たちの名前を連名でノミネートする、ということはできないのだろうか。

国際世論を発信する力が日本の立ち位置を確立する

私はいまのタイミングで、ウイグル問題関係者に対して与えられるノーベル平和賞ほど、人権や信仰、民族の尊厳を守るという意味でも、国際政治や紛争、対立に与えるインパクトという意味でも価値ある賞はほかにないと思うのだが、ノーベル平和賞の選考委員たちはどう考えるだろう。

『朝日新聞』（2019年2月17日付）によれば、安倍晋三首相が米国からの要請をうけて、トランプ大統領をノーベル平和賞に推薦した、という。初の米朝首脳会談を果たし、半島の緊張を緩和した、という功績をもってのことだ。ノーベル平和賞の推薦者、被推薦者は半世紀は公開されないのだから、報道が事実かどうかは確かめようがない。

だが、もし安倍の推薦した相手がウイグル問題関係者であったら、おそらくこの種のリーク報道は、日本人にとっても誇りを感じ、安倍晋三と日本の国際社会からの評価は輝かしいものになったのではないか、と思う。

ウイグル問題は、客観的にいえば大国の都合によって翻弄される弱小民族の悲哀を凝縮したようなものだと思う。米国がウイグル問題を語れば、それは大きな擁護の力となるが、同時に米国にカードとして利用されているという面は否定できない。だからこそ、私は日本のような、直接ウイグル問題や新疆地域での利害にコミットしない国が、もっと中立で純粋な人権問題、信仰の自由や民族の誇りを守る立場から発言すべきだし、その方が説得力があるのではないか、と考えている。

日本の政治家やメディアは、ウイグル人活動家や組織、知識人たちにノーベル平和賞を与えよ、と率先して国際社会に呼び掛けてほしい。安倍晋三には、トランプではなく、ラビア・カーディルやWUCやイリハム・トフティをノーベル平和賞に推薦してほしい。そういう国際世論を発信できる力が日本にあれば、来たる国際秩序の再編成ゲームにおいても、米中新冷戦構造の狭間にあっても、日本は自分の立ち位置を確立して、堂々たる国家として渡り合っていける気がするのである。

あとがきにかえて——日本にとってのウイグル問題

ここまでお読みいただき、読者の皆様には感謝いたします。

最後に、ウイグル問題が日本にとって意外に重要ではないか、と思う個人的な見解を述べたいと思います。

ウイグル問題の現状の非道さと、ここまでに至るプロセスを見ると、大国の欲望に翻弄された弱小の民族の悲哀に胸が詰まります。米国は、米中新冷戦構造のなかでウイグル問題を人権問題としていまでこそクローズアップしていますが、では米国がアフガニスタンやシリアで行ってきた干渉や「テロとの戦い」が絶対正義であるか、といえば、その答えを躊躇する人は少なくないと思います。米国も中国も本質は力の信望者だ、と私はあまり長くはない記者生活で実感してきました。国際政治の本質も、強者の論理で動くものです。日本は国家の要である国防ですら米国にほとんど依存し、米国の同盟国という立場で国際社会での発言権を得てきたのですから、そういう強者の論理に物申すこともなかなかできないものです。

ただ、日本には米国や中国やEUやその他の国とかなり違って、強者の言うことが絶対正しい、というところとはまた別の価値観をもっている人が多いのではないでしょうか。もちろん、昨今は日本でも力こそ正義、という考え方が増えている気配はします。圧倒的に影響力をもつ発言者がマイノリティの意見を封じ込め、金をもつものが市場を制し、強い者同士がつるんで弱者を排除する構図というのは、昔よりも最近のほうがよく見かける気がします。

そうはいっても日本人というのは、弱者に対する共感力というのがやはり強い。「判官びいき」という言葉があるように、どちらの味方でもない状況であれば、自然、弱いほうに肩入れしてしまう性質です。

2019年春、東大の入学式典での祝辞で、著名な女性社会学者の上野千鶴子さんが「弱者が弱者のまま尊重されるべき社会」を語ったことがちょっとしたニュースになりましたが、「弱者が弱者のまま尊重されるべきだ」と素直に思える人が多いのは、とっても日本的ではないか、と思いました。中国では弱者は負けて、九族に至るまで殲滅させられる歴史がありました。「水に落ちた犬は叩け」と普通に考えています。弱者は奪い尽くされ、尊厳まで踏みにじられる、という現実がまだあります。米国だって、弱者に対する人権意識は中国よりもあるとしても、「弱者を尊重する」というところまでは行かないと思います。弱者のままで尊重されるのであれば、厳しい競争を勝ち抜いて勝者になることに固執する必要はない。弱者は敗者であり、正義は勝者にあり、というのが米国流です。日本のように「弱者でも敗者でもプライドは失われない、尊重されるべきだ」という社会は、むしろ国際社会では珍しいでしょう。

弱者は敗者となり、敗者は徹底的に従属させられる。それが米国だろうが中国だろうが、民主主義だろうが社会主義だろうが、国際社会の本質です。でも日本には弱者であること、敗者であることに、そこまでの屈辱感はありません。むしろ美しく負けることへの美学や、潔く散るものへの憧れがあるでしょう。敗者がヒーローになる物語は枚挙にいとまがありません。

こういう日本人の性質はどこから来るかといえば、私は単純に強者に支配され、蹂躙された歴史の記憶がほとんどないからではないかと思っています。漢族の強い華夷思想が、被支配民族としての記憶から来るコンプレックスの裏返しだと喝破したのは東洋史家の岡田英弘氏だったと思いますが、日本はそういう強いコンプレックスを植え付けられるような厳しい民族の蹂躙を受けたことがなかった。

蹂躙を受けたものは、蹂躙された理由が自分たちの弱さが原因であると考え、強さを渇望し信奉し、強いほうに必ずつく習性を身につける。あるいは必死で力をつけ、強者になろうとする。それが「強さが正義」という価値観になっていくのだと思います。

でも日本人は異民族の蹂躙を受けず、海に囲まれて四季豊かな島国で安穏と暮らしてきた。外部からの侵入を受けるのは黒船以降で、それでも完全に支配はされず、一時期は他国を支配しようとする側にも回った。先の大戦には負けたけれども、国体を失うことも独自の言語・文化を失うこともなかった。それは国際社会においては奇跡に近いものだったと思うのです。日本は奇跡的に、民族の文化や言語や伝統、その自立を蹂躙されず、独立と平和と日本人としてのプライドを守ってこられた。だから、争いよりも「和をもって貴し」という価値観がいまなお続き、激しい競争に勝ち抜くよりも、身の丈にあった幸せを大事にする、足るを知る、ということを重視する。

そんな日本人は弱者への共感力があるので、ウイグル人の話を聞けば、誰もが同情する。ですが、蹂躙された経験がないので、ウイグル人が命懸けで抵抗運動を行っていることに関しては理解がついていけません。テロはいけない、暴力はいけない、そこまで抵抗しなくてもいいんじゃないか、という話で終わってしまう。日本人がウイグル問題にいま一つ関心をもてないのは、遠い西域で起きている事象ということに加えて、言語や文化や習慣や信仰を否定され、蹂躙されることの屈辱に対する想像力が及ばず、最終的には、自分と関わりのない宗教が原因の暴力沙汰と見て、距離を置いてしまうのではないでしょうか。

ですが、この本をすでにお読みになった読者の方々は、問題はそんな単純なものではないのだ、ということをご存じです。

なので、私は日本人としてウイグル問題に対しては、３つの視点をもってアプローチしてほしいと思います。

まず、多くの日本人がもつ弱者、虐げられた人々への共感力は美徳の一つです。弱者が弱者として尊重されるべきだという気持ちを、世界の大国に虐げられている民族、小国の人々に対してももちたいものです。そしていま、日本がいちばん身近に感じるべき大国の横暴は、隣国の特定の民族に対する蹂躙ではないか、と思います。なかでも、21世紀最悪の民族文化クレンジングといわれているウイグル問題やチベット問題ではないか、と思います。

次に、日本は自分たちもじつは、国際社会においては米国の庇護に頼る弱小国の面もある、ということを自覚したほうがよいでしょう。世界第３位の経済体であると考えて大国意識をもっている人もいますが、国家の要諦の一つである国防軍をもっていない時点で、単独では外交力を発揮できない弱々しい国なのです。私たちが大国の一つのような存在感を発揮できるのは、背後に米国があることが大きい。その事実は否定できないのではないでしょうか。

ですから私たちもいつ、どんなかたちでいまのウイグル人のように大国に翻弄され、国土や文化や言語や伝統や誇りを奪われたり、破壊されたりする目に遭うかも分からない、という想像力は必要でしょう。

ウイグル人の友人はよく、私にいいます。日本は中国に侵略されるという恐怖は感じないのですか？　と。普通の日本人ならそんなことは絶対ありえない、と笑うでしょう。ですが、彼らは「中国人民共和国は建国後間もなく東トルキスタンとチベットの土地を奪い、その土地の人々を従属させ、伝統や文化を破壊し続けているのですよ」という。それは遠い昔のことではなく、この70年のことなのです。

中国には〝中華民族の偉大なる復興〟プロセスにおいて今後、必ず取り戻したいと思っている土地があります。台湾、南シナ海の島々、インド国境、外モンゴル、ロシア国境、そして日本の沖縄と尖閣諸島です。中国の拡張主義の強い原動力である大中華意識の本質は、被支配民族としてのコンプレックス。かつて「日本に支配された記憶」「日本人に蹂躙された記憶」を原動力に、どのような手を使っても沖縄・尖閣（中国語では琉球・釣魚島）を〝回収〟しようと考えています。いまは世界最強国家の米国の最重要同盟国という立場が、中国の欲望を牽制しているのだとすれば、米国の力が衰えて中国が台頭し、国際秩序の枠組みが大きく変わってくると、日本も領土を奪われたり、母語や伝統・文化を破壊されたりする目に遭うことも十分考えられる。そういう想像力をもてば、同情するだけでなく「ウイグル人に対する迫害者である中国の脅威というのは、日本にとっても切実な問題だ」と捉えられるでしょう。他人事ではない、と捉えることが重要と思います。

三つ目に、ならば日本としてできることはしなければならない、と考えることです。

たとえば本書でも取り上げた〝一帯一路戦略〟への関わり方です。2019年4月に北京で開催された一帯一路国際協力サミットフォーラムに、安倍晋三首相の特使として参加した二階俊博・自民党幹事長は、習近平と会談したあとの記者会見で「米国の機嫌を窺いながら日中関係をやるわけではない」と語り、中国メディアも見出しに取って報じました。

ですが、もし日本が大国の機嫌を窺わずに外交ができるのであったら、きちんと中国の人権問題について言及すべきだったと思います。一帯一路の起点である新疆ウイグル自治区では、ナチス・ドイツのユダヤ迫害に匹敵する大規模な民族文化クレンジングが行われている。そんな戦略に、いくらビジネスチャンスが見出せるとしても、日本としては無条件に協力はできない、とはいえなかったのでしょうか。

運命共同体構築の理想を掲げるなら、まず他民族の思想と信仰と言論の自由を尊重しなければいけない、という日本人の価値観を明確にしなければ、一帯一路戦略への協力は、大国への小国搾取や民族文化クレンジングに加担したことと一緒にはなりませんか。

一帯一路沿線のイスラム過激派支配地域では、いまや彼らの敵は米国ではなく中国です。一帯一路への投資国家や企業、国民も彼らの敵意に晒される可能性が強い。そうした〝テロリスト〟のなかに、ウイグル人も混じっているかもしれません。一帯一路に日本が関わるなら、ウイグル人に対する弾圧をやめさせる方向でコミットしていかなければ、われわれが弾圧するほうになるかもしれません。

いま世界で起きていることは、一見個別の事象に見えて、じつはつながっていると思うのです。ウイグル問題も一帯一路も、米中新冷戦も朝鮮半島や台湾、シリアやイランの情勢も、ブレグジットに揺れる英国やEUも。それはいま、世界全体の枠組み、秩序や価値観やルールといったものが大きく転換する時期で、主立った大国、とくに米中がその主導権を取ろうと争っている、ということです。複雑な碁盤のような世界の上で、プレイヤーたちが石を置いてきたそのゲームの終盤に来ている、というイメージでしょうか。

過去のこうしたヘゲモニー争いは、戦争でたくさん殺したほうが勝ち、という単純なものでしたが、いまはこれに経済、金融、情報などが加わり、単純な戦争ではない。でも戦争です。戦争の定義や規模が変わっているだけです。多大な犠牲が伴い、そのほとんどが弱者にしわ寄せが行く強者のルールで行われる世界を巻き込むゲーム、それが戦争だともいえるのです。

日本は残念ながらプレイヤーになれないし、なろうとも考えていません。ですが、この壮大な犠牲を伴うゲームの果てに決まる勝ち負けが、次の時代の国際社会のルールメーカーを決め、秩序やフレームが決まると思えば、米中の狭間にある日本も必ず巻き込まれるのです。そこで日本が問われるのは、自分たちはどういう価値観で、どういう立場でこのゲーム、戦争に関わっていくのか、あるいは関わらないのか、ということです。

それを考えるために、ウイグル問題はよいヒントになると思います。私自身は、虐げられる人々への共感と中国の脅威を切実に捉える立場でその現状を理解した結果、いま起きているヘゲモニー争いにおいて、中国の大中華主義的な独裁の台頭を牽制する側に立つことが、日本と日本人にとってよりよい選択ではないか、と思うに至りましたが、皆さんはどうでしょうか。答えは一つに限りません。十分な答えを導くには拙著では物足りないでしょう。ですが、少しでもウイグル問題に興味をもっていただければ、ありがたいです。

最後に、2009年7月5日のウルムチにおける悲劇のちょうど10年目を目前にしたタイミングでこの本を出せる機会をいただいたことに、関係者各位にお礼を申し上げます。ウイグル問題の専門家でもない私がこの本を書くために、在日ウイグル人の方々、留学生の方々から多くのアドバイスをいただきました。いただいた多くの情報を全部詰め込むことはかないませんでしたが、ウイグル問題を取り上げた一般向け書籍を出して、より多くの日本人に、かつて〝東トルキスタン〟と呼ばれた土地でいま起きていることや過去に起きたことを知るきっかけを作ってほしい、という要請には多少、応えられたかと思います。留学生の方々には日本で平和に心行くまで勉学、研究を全うできること、また日本で生きていこうという方々には穏やかで充実した自由な暮らしが全うできること、そして故郷に残されているご家族が平和と自由を一刻も早く取り戻されることを願って、あとがきといたします。

福島香織

令和元年五月

参考資料一覧

世界ウイグル会議サイト
https://www.uyghurcongress.org/jp/
ウイグル問題を考える会サイト
https://www20.atwiki.jp/uyghurissue/
日本ウイグル協会サイト
http://uyghur-j.org/japan/
日本ウイグル連盟サイト
http://uyghurjapan.org/jp/
ウイグル人権プロジェクトサイト：Xinjian: China's Muslim botderland(Nabijian Tursun ほか
宮脇淳子「侵略と虐殺と弾圧と」『別冊正論Ｅｘｔｒａ15』二〇一一年六月二十二日
楊 海英「ウイグル人の中国文化大革命」
新免 康「新疆ウイグルと中国政治」
ダレン・バイラー「ウイグル家庭訪問者」についてのルポ
http://www.chinafile.com/reporting-opinion/postcard/million-citizens-occupy-uighur-homes-xinjiang
『ニューズ・ウィーク』二〇一八年十月二十三日号

『週刊金曜日』二〇一八年十二月十四日号
『ウイグルの母 ラビア・カーディル自伝』ラビア・カーディル（武田ランダムハウスジャパン）
『7・5ウイグル虐殺の真実』イリハム・マハムティ（宝島社新書）
『私の西域、君の東トルキスタン』王力雄ほか（集広舎）
『アジアの歴史と文化〈8〉中央アジア史』竺沙雅章監修（同朋舎）
『核の砂漠とシルクロード観光のリスク』高田純（医療科学社）
『中国を追われたウイグル人』水谷尚子（文春新書）
BBC
チャンネル4
NHK‐BS
ラジオ・フリー・アジア
『ニューヨーク・タイムズ』
『ウォール・ストリート・ジャーナル』
『ワシントン・ポスト』
『ドイチェ・ヴェレ』
ボイス・オブ・アメリカ
AFP
RFI

ＡＰ
『産経新聞』
『毎日新聞』
『朝日新聞』
共同通信
時事通信
維基百科

PHP新書
PHP INTERFACE
https://www.php.co.jp/

福島香織［ふくしま・かおり］

奈良県生まれ。大阪大学文学部卒業後、産経新聞社大阪本社に入社。1998年に上海・復旦大学に1年間、語学留学。2001年に香港支局長、02年春より08年秋まで中国総局特派員として北京に駐在。09年11月末に退社後、フリー記者として取材、執筆を開始する。著書に『孔子を捨てた国 現代中国残酷物語』(ASUKASHINSHA双書)、『「中国の悪夢」を習近平が準備する』(徳間書店)、『習近平の敗北 紅い帝国・中国の危機』(ワニブックス)など多数。著者・福島香織のウェブマガジン「中国趣聞(チャイナゴシップス)」の詳細は左記のQRコードをご覧ください(QRコードでアクセスできない方は、https://foomii.com/files/00146/present/ まで)。

ウイグル人に何が起きているのか
民族迫害の起源と現在

PHP新書 1189

二〇一九年六月二十八日　第一版第一刷
二〇二一年四月二十九日　第一版第二刷

著者――福島香織
発行者――後藤淳一
発行所――株式会社PHP研究所
東京本部――〒135-8137 江東区豊洲5-6-52
第一制作部 ☎03-3520-9615(編集)
普及部 ☎03-3520-9630(販売)
京都本部――〒601-8411 京都市南区西九条北ノ内町11
組版――有限会社メディアネット
装幀者――芦澤泰偉＋児崎雅淑
印刷所 製本所――図書印刷株式会社

ISBN978-4-569-84310-0

ＰＨＰ新書刊行にあたって

「繁栄を通じて平和と幸福を」(PEACE and HAPPINESS through PROSPERITY)の願いのもと、ＰＨＰ研究所が創設されて今年で五十周年を迎えます。その歩みは、日本人が先の戦争を乗り越え、並々ならぬ努力を続けて、今日の繁栄を築き上げてきた軌跡に重なります。

しかし、平和で豊かな生活を手にした現在、多くの日本人は、自分が何のために生きているのか、どのように生きていきたいのかを、見失いつつあるように思われます。そして、その間にも、日本国内や世界のみならず地球規模での大きな変化が日々生起し、解決すべき問題となって私たちのもとに押し寄せてきます。

このような時代に人生の確かな価値を見出し、生きる喜びに満ちあふれた社会を実現するために、いま何が求められているのでしょうか。それは、先達が培ってきた知恵を紡ぎ直すこと、その上で自分たち一人一人がおかれた現実と進むべき未来について丹念に考えていくこと以外にはありません。

その営みは、単なる知識に終わらない深い思索へ、そしてよく生きるための哲学への旅でもあります。弊所が創設五十周年を迎えましたのを機に、ＰＨＰ新書を創刊し、この新たな旅を読者と共に歩んでいきたいと思っています。多くの読者の共感と支援を心よりお願いいたします。

一九九六年十月

ＰＨＰ研究所